cahiers libres

DU MÊME AUTEUR

Une histoire de l'informatique, La Découverte, Paris, 1987 (édition de poche : Seuil, coll. « Points sciences », Paris, 1990 ; prix 1988 du jury de l'Association française des informaticiens ; traduit en espagnol, grec, italien, portugais).

Les Technosciences en question. Éléments pour une archéologie du XXe siècle (en collaboration avec Frank Tinland et Alain-Marc Rieu), Champ-Vallon, Seyssel, 1989.

L'Explosion de la communication. À l'aube du XXIe siècle (en collaboration avec Serge Proulx), La Découverte/Boréal, Paris/Montréal, 1989 (édition de poche : La Découverte/Poches, Paris, 1996 ; traduit en arabe, espagnol, portugais, russe, vietnamien) ; nouvelle édition : La Découverte, Paris, 2002.

La Tribu informatique, Métailié, Paris, 1990 (grand prix de la littérature informatique 1991).

L'Utopie de la communication, La Découverte, Paris, 1990 (édition de poche : La Découverte/Poches, Paris, 1997 ; traduit en portugais).

À l'image de l'homme. Du Golem aux créatures virtuelles, Seuil, coll. « Science ouverte », Paris, 1995 (traduit en portugais).

L'Argumentation dans la communication, La Découverte, coll. « Repères », Paris, 1996 (traduit en portugais).

L'Option informatique au lycée (en collaboration avec Éric Heilmann et Guislaine Dufour), Hachette classique, Paris, 1998.

La Parole manipulée, La Découverte, Paris, 1998 (édition de poche : La Découverte/Poches, Paris, 1999 ; prix de philosophie morale et politique 1998 de l'Académie des sciences morales et politiques ; traduit en portugais).

Histoire des théories de l'argumentation (en collaboration avec Gilles Gauthier), La Découverte, coll. « Repères », Paris, 2000.

Le Culte de l'Internet. Une menace pour le lien social ? La Découverte, Paris, 2000.

Philippe Breton

Éloge de la parole

ÉDITIONS LA DÉCOUVERTE
9 *bis*, rue Abel-Hovelacque
PARIS XIIIe
2003

Si vous désirez être tenu régulièrement informé de nos parutions, il vous suffit d'envoyer vos nom et adresse aux Éditions La Découverte, 9 *bis*, rue Abel-Hovelacque, 75013 Paris. Vous recevrez gratuitement notre bulletin trimestriel ***À La Découverte***. Vous pouvez également retrouver l'ensemble de notre catalogue et nous contacter sur notre site **www.editionsladecouverte.fr**.

ISBN 2-7071-3600-X

Introduction

Nous pratiquons la parole si couramment que nous finissons, peut-être, par en oublier l'importance. La parole, pourtant, ponctue notre vie quotidienne. Elle nous accompagne presque à chaque instant, et même le silence, devenu si rare dans les sociétés modernes, prend son sens par rapport à elle.

La parole est ce qui nous lie aux autres, que nous nous adressions à eux directement ou par le biais d'outils de communication divers. Elle est aussi ce qui nous lie à nous-même : nous ne cessons en effet de nous parler. Se réveiller le matin, c'est tout de suite commencer à se parler, s'endormir correspond à l'arrêt d'un dialogue intérieur, celui-là même qui s'impose un peu trop lorsqu'on a peine à trouver le sommeil. Mis bout à bout, le dialogue intérieur et la communication avec autrui occupent l'essentiel de notre temps de conscience.

La parole est au cœur de notre vie sociale et professionnelle. L'une des grandes évolutions du monde moderne est sans doute cette place centrale occupée par la parole, par la prise de parole qui nous permet de nous exprimer, d'argumenter, d'informer, et qui est devenue un de nos principaux outils pour agir sur les autres et sur le monde. La parole est devenue notre lien privilégié, en tant qu'individu, avec le réel. La parole se déploie aujourd'hui par l'intermédiaire de multiples moyens de communication, qu'il s'agisse de l'oral, de l'écrit, mais aussi de l'image et des supports que nous permettent les nouvelles technologies. Grâce à la communication, et parfois malgré elle, la parole est aujourd'hui partout. Dans ce sens, la parole est une notion bien plus large que la dimension de l'oral à laquelle on l'a souvent réduite. La communication est le moyen, la parole la finalité.

Le pouvoir de la parole contre la parole du pouvoir

Mais ne sous-estimons-nous pas le rôle qu'occupe la parole dans notre vie ? Avons-nous vraiment conscience de tous les pouvoirs qu'elle recèle ? Ne laissons-nous pas en friche une partie de ses immenses potentialités ? Offre-t-on assez de résistance à tout ce qui s'oppose au déploiement de notre parole ? Lutte-t-on assez, par exemple, contre la peur qui s'empare de chacun d'entre nous au moment, précisément, de prendre la parole devant les autres, notamment en public ? Ne laissons-nous pas trop souvent prise à la violence alors que la parole en est l'antidote le plus sûr ? Souvent, trop souvent, la réponse à toutes ces questions, pourtant essentielles, est insatisfaisante.

Après avoir longtemps travaillé sur les enjeux de la communication et y avoir consacré plusieurs ouvrages, j'en suis personnellement venu à la conclusion que cette question de la parole, bien en amont de la communication et de ses techniques, représente un thème majeur, en même temps qu'un point aveugle de nos sociétés modernes.

Il serait bien sûr trop facile et trop réducteur d'affirmer que le déploiement de la parole représente une solution universelle applicable à la plupart des problèmes que le monde actuel connaît. Il n'en reste pas moins que bien des difficultés que nous éprouvons sont liées à une absence de parole ou, pire, à un usage violent et dominateur de la parole. Or l'un des pouvoirs de la parole est précisément de s'opposer à la parole du pouvoir.

L'éloge de la parole, c'est donc d'abord la valorisation de ce que l'on pourrait appeler, en n'ayant pas peur d'employer ce terme, la « parole juste », au sens où Levinas nous dit par exemple que ce que le « commerce de la parole » implique « est précisément l'action sans violence [quand] l'agent, au moment même de son action, a renoncé à toute domination, à toute souveraineté, et s'expose déjà à l'action d'autrui, dans l'attente de la réponse [1] ».

Cet éloge s'inscrit dans une longue tradition d'ouvrages qui, chacun à sa manière, de la réflexion la plus théorique sur le langage jusqu'au plus modeste manuel de conversation, rappellent ce pouvoir de la parole d'être la matrice de relations plus justes entre les hommes. Y aurait-il, au fil du temps, et depuis que la tradition rhétorique a institué une réflexion sur la parole, une sorte de confrérie, discrète, d'auteurs qui n'hésitent pas à s'adresser à leurs lecteurs pour leur rappeler qu'ils ont en eux un pouvoir dont ils ne soupçonnent pas toujours l'ampleur ? Y aurait-il une dimension quasi religieuse à cet éloge répété, comme le suggère le philosophe Georges Gusdorf, lorsqu'il nous dit qu'« il existe même une sorte de religion de la parole chez des hommes détachés de toute religion proprement dite, comme si un certain usage du langage pouvait tenir lieu d'eschatologie [2] » ? C'est bien possible et, autant l'avouer tout de suite, je ne me sens pas très éloigné de ces auteurs-là, dont quelques-uns seront d'ailleurs abondamment cités dans ce livre.

Un paradoxe moderne : parlez, mais taisez-vous !

Il ne s'agit pas toutefois de répéter pieusement une vérité qui risquerait ainsi d'être usée, ou de s'inscrire mécaniquement dans une tradition classique, d'ailleurs souvent élitiste, mais de

1. Emmanuel LEVINAS, *Difficile Liberté*, Albin Michel, Paris, 1976, p. 20.
2. Georges GUSDORF, *La Parole*, PUF, Paris, 1952, p. 118.

réfléchir ici à l'intérêt redoublé qu'il y a aujourd'hui, dans les sociétés contemporaines, à prendre conscience du véritable pouvoir de transformation des hommes dont la parole est dotée. Les sociétés occidentales modernes, chacune à sa façon, qu'elles s'inscrivent dans une tradition anglo-saxonne ou dans un héritage européen plus continental, vivent le rôle de la parole comme un paradoxe.

D'un côté, il faut parler, prendre la parole, car la modernité est bien le règne de la parole et de la communication. Mais de l'autre, il faut souvent se taire ou, pire, parler pour ne rien dire, accepter de voir un système d'enseignement qui laisse peu de place à la parole et à son exercice véritable, ou un empire médiatique l'encadrer tant que celle-ci n'est souvent plus que l'ombre d'elle-même. Parlez, mais taisez-vous ! Voilà au fond le vrai problème de la parole dans le monde contemporain. Les sciences humaines elles-mêmes, dans leurs hésitations à affirmer que l'homme est un sujet [3], n'ont pas accordé à ce thème toute l'attention qu'il méritait. L'homme des sciences humaines est trop souvent sans parole.

C'est sans doute parce que la parole, une fois libérée, représente une force de changement devant laquelle tous les conservatismes s'effacent que son déploiement réel suscite tant de résistance. Comme il sera dit plus loin, dans les chapitres consacrés à la violence, la parole a par exemple ce redoutable pouvoir de permettre d'exercer une force sans engendrer de domination. Une telle possibilité, immense dans ses conséquences, ne saurait évidemment laisser indifférent. Elle est un exemple que tout le monde n'a pas forcément envie de voir suivre.

J'ai fait le choix, dans ce livre, de mettre l'accent essentiellement sur le chemin que la parole juste, celle qui institue, comme le dit encore Levinas, un « rapport moral d'égalité et de justice », a fait, aussi bien dans les sociétés humaines que dans le cœur de chacun d'entre nous. Je n'ai voulu décrire dans ce livre que les aspects positifs de cette montée progressive de la découverte de la parole et de ses pouvoirs concrets, accessibles à tous. Cet éloge laisse donc volontairement de côté toutes les

3. Céline Lafontaine, *L'Empire cybernétique*, Seuil, Paris, 2003.

difficultés, tous les retours en arrière provisoires, tous les avatars, nombreux et dont beaucoup sont très actuels, qui réduisent, si l'on peut dire, la parole au silence.

Est-ce bien réaliste, diront certains, en ces temps de guerre et d'empire unilatéral de la force, en ces temps de violence redoublée de la parole de pouvoir et de ruse accrue de la manipulation ? Ce choix n'a rien à voir avec l'angélisme. Il est en fait stratégique. Il faut poursuivre la critique. Je m'y suis moi-même engagé dans plusieurs ouvrages précédents. D'autres auteurs s'y sont employés. Mais il faut, à un moment, pour que la critique ait un sens, rappeler qu'il y a une alternative et que celle-ci est déjà formée.

J'ai voulu mettre en scène ce qui me semble être la véritable poussée dont le don de la parole, cette faculté spécifiquement humaine, est porteuse. De nombreux auteurs l'ont découvert et dit avant moi : la parole est une alternative à la violence du monde, elle bouleverse tout sur son passage, pourvu qu'elle soit libre, authentique et d'abord soucieuse de l'autre. Elle acquiert alors une force inouïe.

Une perspective résolument humaniste

Une question essentielle est posée à travers ce livre : comment cet idéal d'une parole juste s'est-il formé, comment a-t-il progressé et s'est-il finalement imposé comme un espoir bien vivant ? Cette question se diffracte dans deux directions complémentaires qu'aborde successivement ce livre : d'une part, qu'est-ce qui, dans la nature même de la parole, sert de point d'appui au renoncement à l'inégalité, à la domination et à la violence ? D'autre part, quelles conditions sociales, historiques, morales permettent sa formation et son déploiement concret ?

Ces deux questions supposent en arrière-plan que la parole humaine contient potentiellement, depuis l'origine, la possibilité d'être au service de plus d'humanité, d'un lien social plus symétrique, plus respectueux de l'autre et plus doux à vivre, mais que l'actualisation de cette possibilité requiert des conditions historiques et sociales particulières, qui ne sont aujourd'hui que partiellement remplies.

Toutes les sociétés humaines, depuis les plus « primitives », et probablement depuis la préhistoire, ont reconnu l'importance de la parole, y compris comme opérateur social (instrument de guérison par exemple). Certaines d'entre elles ont systématisé l'usage de la parole et lui ont conféré progressivement un statut central. C'est le cas notamment de la société démocratique grecque, puis des sociétés européennes occidentales qui, à partir de la fin du Moyen Âge, ont ouvert un espace privé à l'individu et qui, parallèlement, ont mis en place un processus de « pacification des mœurs ». C'est au sein de ces dernières sociétés qu'est née l'idée, nouvelle, d'une parole juste. Cette progression s'est appuyée sur un regard nouveau porté sur la parole qui est ainsi devenue objet d'étude, notamment au sein de la rhétorique.

Les sociétés modernes sont ainsi porteuses à la fois de pratiques de la parole qui mettent en œuvre toutes ses potentialités, des plus violentes jusqu'aux plus pacifiques, des plus cyniques jusqu'aux plus morales, mais surtout de l'idéal normatif d'une parole plus juste, plus symétrique, plus égalitaire et plus authentique. Cette norme de la parole sert d'aune pour évaluer la parole publique : les frustrations provoquées dans une partie de l'opinion par le média qui ment, la publicité qui abuse, le politicien démagogue sont à la mesure de l'attente d'une parole juste.

Ce que je voudrais montrer dans ce livre s'organise donc sur deux plans largement complémentaires. D'abord, le plan de la personne. Il s'agit ici de rappeler, après avoir exploré quelques rapports ambigus entre la parole et la communication (chapitre 1 et 2), que le déploiement de la parole est le vecteur essentiel de l'épanouissement de soi (chapitre 3), de notre capacité d'agir sur le monde et de coopérer avec les autres (chapitre 4), et du pouvoir de faire reculer la violence (chapitre 5), celle qui est en nous comme celle d'autrui. Sur ce point, la perspective est ici résolument humaniste.

Le deuxième plan exploré dans ce livre permet de mettre en évidence les changements sociaux de grande ampleur qui ont été associés à l'évolution progressive du statut de la parole.

Importante dans les sociétés préhistoriques et primitives (chapitre 6), la parole se découvre, après une rupture historique essentielle (chapitre 7), une position centrale dans les sociétés modernes.

Du déploiement de la parole et de sa capacité à irriguer tout le corps social, vont naître tour à tour les grandes dispositions qui constitueront la modernité : la démocratie, véritable « régime de la parole » (chapitre 8), l'intériorité qui va être le véritable siège de la parole individuelle, métaphore autour de laquelle va s'enrouler l'individualisme moderne (chapitre 10), et, enfin, le changement des normes de la violence acceptable, changement où la parole, comme « espace de transposition », va jouer un rôle essentiel (chapitre 9). Sur ce point, la perspective est ici celle d'une anthropologie engagée, soucieuse d'argumenter les bénéfices que nos sociétés ont à reconnaître la place de la parole et à lui conférer un statut toujours plus important.

Ce n'est pas tout à fait un hasard si la parole change de statut social précisément au moment où certaines sociétés renoncent au régime du *fatum*, de la fatalité qui guiderait chaque pas, dans un univers où tout serait déjà dit et écrit, et où, en même temps, on y conteste que la parole soit forcément monopolisée par un centre impérial.

Ce que le nouveau règne de la parole contient en puissance n'est rien moins qu'une prise en main progressive, par l'homme, de son destin, dans une société plus douce à vivre. Ce processus a commencé sous nos yeux. Il ne demande qu'à se poursuivre. Le sens de ce livre est de montrer que cet espoir n'est pas vain, pourvu que nous acceptions, un tant soit peu, de devenir des « militants de la parole ».

Remerciements

Comme à chaque fois que j'entreprends un projet nouveau, j'ai d'abord confronté mes idées à de nombreux publics. Je voudrais donc remercier tous ceux qui m'ont invité à prendre la parole lors de conférences, d'enseignements ou de séminaires de formation, ainsi que tous ceux qui ont pris la peine de m'écouter débrouiller devant eux, parfois laborieusement, des idées au départ trop enchevêtrées.

Je remercie les participants des « ateliers civiques d'argumentation », nés en réaction à la présence de l'extrême droite au second tour des élections présidentielles de 2002. Ensemble, nous avons affronté l'épineux problème du rapport entre la parole et la violence politique. Ce livre est aussi marqué par le climat de ces ateliers.

Les étudiants de DEA, notamment à la Sorbonne et à Strasbourg, qui ont accepté que je construise devant eux une problématique à laquelle ils étaient peu habitués, ont droit à une mention toute spéciale pour leur patience et leur écoute attentive.

Je remercie particulièrement Arnaud Sales, directeur du département de sociologie à l'université de Montréal, de m'y avoir invité comme professeur. Grâce à la chaleur de son accueil et de celui des étudiants qu'il m'a confiés, j'ai pu, tout au long de ce magnifique et glacial hiver 2003, mettre enfin la dernière main à ce manuscrit.

Un remerciement tout spécifique à Céline Lafontaine. Les nombreuses discussions que j'ai eues avec elle, sur l'humanisme, l'intériorité, la conscience, et enfin sur les bonheurs de la transmission, m'ont accompagné au moment de franchir le dernier cap d'une entreprise délicate.

Ce livre, enfin, est dédié à mon ami Jean Kraft. Notre long dialogue a été cruellement interrompu. Il n'en continue pas moins, d'une autre façon.

I

Les mécanismes de la parole

1

En amont de la communication

La communication, disait Robert Escarpit, est un cas particulier du transport. La formule est précise et pratique. Elle évite aussi beaucoup d'illusions et d'enthousiasmes inutiles. Sur cette base, on voit bien de quoi il s'agit. Le monde de la communication est celui des téléphones, des réseaux, des livres, des journaux, de la télévision. C'est aussi celui des moyens que nous utilisons pour communiquer, la conversation orale, l'écriture, l'image, le geste. La communication est bien l'ensemble de ces dispositifs de transport. Mais pour transporter quoi ? On évite trop souvent cette question, dont la réponse est pourtant simple, évidente et essentielle : les dispositifs de communication servent à transporter la parole humaine ou, autrement dit, ils servent à *prendre la parole.*

Le mot parole a, on le sait, plusieurs sens. Dans le sens commun, le plus usité, la parole est soudée à l'oral, elle est un « élément du langage parlé ». Nous empruntons donc une forme particulière, la forme orale, pour exprimer ce que nous avons à dire. Plusieurs proverbes témoignent de cet usage courant, comme celui qui énonce, assez sentencieusement, que les écrits restent mais que les paroles s'envolent.

Mais il y a un autre sens au mot parole, moins courant, peut-être un peu plus savant, peut-être un peu plus grave. C'est le sens d'un propos tenu, assez marquant, en tout cas qui n'est pas anodin. Pas un bavardage, pas une palabre, une parole. Une parole, dans ce cas, c'est par exemple l'énoncé d'une émotion ressentie, qui va troubler l'interlocuteur, une joie, une tristesse, une colère, mise en mots, ce peut être aussi l'énoncé d'une opinion, qui n'est pas encore partagée par ceux à qui on s'adresse, ou encore la description d'un fait qui va provoquer la surprise, parce qu'il n'était pas connu et qu'il change notre manière de voir les choses sur une question précise. La parole, dans ce sens, est un contenu, un énoncé qui a du sens dans une situation donnée. Une parole est ce que les spécialistes appellent un « énoncé signifiant ».

Il est important pour nous de bien distinguer les deux usages, celui de parole « orale » et celui de parole « énoncé chargé de sens ». C'est plutôt ce deuxième usage qui nous intéresse ici. La parole, dans ce cas, désigne ce que nous avons à dire aux autres, et qui peut s'énoncer à l'oral aussi bien qu'à l'écrit ou avec des images. Certains hommes se sont en effet dotés d'un autre moyen que les trois précédents puisque leur parole est transportée vers les autres au moyen de gestes signifiants, d'un langage gestuel ou, plus précisément, un langage de signes iconiques. C'est le cas de certaines communautés religieuses, qui ont renoncé volontairement à la parole orale, ou des communautés de personnes atteintes de surdi-mutité et qui ne peuvent pas utiliser l'ensemble du canal vocal auditif. La parole humaine trouve son chemin même si certains accès lui sont barrés.

Si nous avons une parole, si nous prenons la parole, c'est tout simplement que nous avons quelque chose à dire et que cela a quelque chance d'être entendu. Là est la différence fondamentale avec l'animal. Comme le dit très simplement le linguiste Claude Hagège, « si les chimpanzés ne “parlent” pas, c'est que leur “vie sociale” ne les met pas en situation d'avoir beaucoup à se dire [1] ».

1. Claude Hagège, *L'Homme de paroles*, Fayard, Paris, 1985, p. 142.

Parole ou communication ?

Mais, dira-t-on, pourquoi ne pas parler alors de « communication » ? Le mot a l'avantage d'être connu, familier, d'apparence précise. Si l'on dit par exemple « société de communication », tout le monde voit à peu près ce que l'on veut dire, alors que si l'on dit « société de la parole », on entendra « société de l'oral », par opposition notamment aux sociétés qui connaissent l'écriture et en oubliant d'ailleurs au passage ceux qui utilisent la langue des signes. Bref, en utilisant le mot parole, on risque de mal se faire entendre. Pourtant il nous faut bien un mot qui désigne une instance plus fondamentale, plus de l'ordre des finalités que de celui des moyens.

Malgré son apparente facilité d'emploi, le mot « communication » n'est donc pas très approprié pour désigner cette instance d'échange qui prend une place de plus en plus importante dans les sociétés modernes. Pour de bonnes et de mauvaises raisons, le mot « communication » suscite une irritation croissante. Il est d'ailleurs en train de glisser doucement vers un sens péjoratif. « Ce n'est pas de la politique », écrit tel éditorialiste en parlant de la prestation d'un Premier ministre, « c'est de la communication », ou, plus méprisant encore, « c'est de la com ». En somme, le fond, le contenu, c'est la politique, la parole politique que l'on attend, et la communication, c'est la forme, l'apparence. Prenons garde cependant aux effets incontrôlables d'une opposition trop romantique entre la forme et le fond, entre l'authentique et le superficiel, la profondeur et la surface.

Nous avons besoin du mot « communication », car il englobe la grande — et honorable — famille des mots qui servent à désigner les moyens que nous utilisons pour mettre en forme, pour dire ce que nous avons à dire. Écrire est un moyen de communication, l'image en est un autre. La communication et ses techniques sont certes entourées par un climat de fétichisme assez général. Grâce notamment aux nouvelles technologies de communication, au numérique et à Internet, le regard aujourd'hui se porte davantage sur les outils que sur ce à quoi ils servent. Nous serions dans une « société de communication », c'est-à-dire des moyens et des supports. L'attention, l'investissement, la réparation, l'entretien de toutes ces machines et de tous ces logiciels qui servent à communiquer nous prennent de plus en plus de temps.

La finalité de la communication semble avoir été progressivement gommée. L'« idéologie de la communication [2] » est si implantée dans les consciences qu'elle nous dispense de la question simple mais pourtant essentielle, et qui est au cœur de ce livre : à quoi sert la communication ? Quelle est la finalité de tous ces outils de communication que nous inventons à un rythme toujours plus accéléré ? À quoi tout cela sert-il ? L'idéologie nous dit : la finalité de la communication, c'est la communication elle-même. Nous n'avons même plus de mot pour désigner simplement ce que pourrait être la finalité de la communication. Le mot parole n'est donc malgré tout pas un mauvais candidat pour désigner ce que nous avons à dire aux autres, en amont des moyens que nous nous donnons pour le dire. Parole et communication forment un couple indissociable, mais les deux termes ne sont pas au même niveau.

À l'origine, la parabole

Si je parle, rappelle fortement et simplement le philosophe Georges Gusdorf, dans une synthèse essentielle autour de ce thème [3], c'est parce que je ne suis pas seul. La parole est mise en œuvre du langage, possibilité commune à tous les hommes, à travers une langue donnée, particulière à un groupe humain. Dans quelle mesure la parole que nous tenons est-elle dépendante de la langue dans laquelle nous l'exprimons ? Vaste question, que nous n'épuiserons pas ici. Il est évident que les structures particulières d'une langue conditionnent la parole qui se tient grâce à elles. Mais, cela étant dit, la parole ne se tient-elle pas au-dessus de toutes les langues ? Au-dessus même, comme le soutient Levinas, du « fait psychique, qui reçoit de la parole le pouvoir d'être ce qu'il est [4] » ?

---

2. Voir Lucien SFEZ, *Critique de la communication*, Seuil, Paris, 1988.
3. Georges GUSDORF, *La Parole*, *op. cit.*
4. Emmanuel LEVINAS, *Difficile Liberté*, *op. cit.*, p. 21.

La parole, chargée dit Gusdorf d'« intentions particulières, messagères de valeurs personnelles », n'est-elle pas « affirmation de la personne » ? Dans ce sens, nous considérerons ici que la parole, instance première, trouve — et négocie — une traduction dans la langue particulière qui sert à la porter : quelles que soient leurs différences, les langues peuvent être traduites les unes dans les autres. Une parole peut passer de l'une à l'autre. Il faut, nous dit le linguiste Claude Hagège, « que les langues aient de sérieuses homologies pour que les messages qu'elles permettent de produire puissent ainsi voyager[5] ». La parole est donc une réalité en amont des moyens que nous nous donnons pour la transporter. Le linguiste Ferdinand de Saussure distinguait clairement entre l'étude de la langue, à laquelle il s'est consacré, et l'étude de la parole qui recouvrait pour lui le domaine de l'usage de la langue.

En français, « parole » est une contraction, apparue aux alentours du XIe siècle, du mot « parabole ». Qu'est-ce qu'une parabole ? C'est d'abord un propos que l'on ne peut pas tenir directement, un détour de langage que l'on est obligé de faire, souvent en utilisant les ressources de l'analogie. Mais la parabole est surtout une parole qui a un but. Elle n'est pas simplement tenue pour le plaisir d'être tenue ou écoutée, ou pour platement informer l'auditoire. La parabole est une parole qui appelle un changement. Elle est comme un détour qui permet d'aller vers l'autre, dans toutes les situations sociales que nous connaissons, pour lui proposer un changement. La parabole est un appel.

Cette courte histoire du mot nous rappelle l'importance que les religions du Livre ont attachée à la parole. Beaucoup de religions, comme beaucoup de systèmes symboliques ou de mythes primitifs, portent la trace d'une fascination pour les pouvoirs de la parole, au point, pour certaines d'entre elles, de faire de la parole la matrice de l'humain, ou l'origine de tout ce qui existe. Pour les monothéistes, c'est la parole de Dieu, le Verbe divin, qui contient le monde. Dans beaucoup de cultures, comme par exemple pour les Dogons en Afrique, la

5. Claude HAGÈGE, *L'Homme de paroles*, *op. cit.*, p. 64.

parole est directement d'origine divine. Le caractère sacré qui est conféré à la parole (et non à la communication) témoigne du fait que la plupart des cultures lui reconnaissent une existence et une importance sans égal comme réalité humaine.

Le savoir populaire a lui aussi fait de la parole quelque chose d'important, comme le montrent les anciens proverbes qui s'articulent autour de ce thème : « Je n'ai qu'une parole », ou encore, « je vous donne ma parole » dira celui qui, de ce fait, se conduit comme un « homme de parole ». « On tient parole » ou encore « on manque à sa parole ». La parole, dans ce sens, engage la personne, elle la contient tout entière.

La parole et ses militants

Plusieurs auteurs aujourd'hui, loin souvent de toute perspective religieuse, ont pris pour objet de réflexion spécifique la parole. Chacun le fait à partir de son point de vue, de ses intérêts, de ce qu'il pense des pouvoirs de la parole, de ce que l'on peut faire avec, de la place qu'on lui donne, ou qu'on devrait lui donner, dans nos sociétés. La plupart des disciplines intellectuelles ont quelque chose à dire sur la parole, mais celle-ci n'est l'objet d'aucune science particulière. Il y a bien une science de la communication, mais il n'y a pas de « science de la parole ».

Même l'ancienne rhétorique, qui a joué un rôle considérable dans l'émergence d'une réflexion sur la parole, ne s'intéresse finalement qu'aux conditions et aux techniques, notamment argumentatives, de mise en forme de la parole. La plupart de ces auteurs ont une approche enthousiaste de la parole. D'une certaine manière, même lorsqu'ils en proposent une étude distanciée, ils se présentent en quelque sorte comme des « militants de la parole », souhaitant que celle-ci ait une place toujours plus importante dans les activités humaines.

Georges Gusdorf propose ainsi de faire le départ entre le langage, la langue, la parole, comme trois niveaux bien distincts. Le *langage* est pour lui une « fonction psychologique correspondant à la mise en œuvre d'un ensemble de dispositifs anatomiques et physiologiques, se prolongeant en montages intellectuels pour se systématiser en un complexe exercice d'ensemble, caractéristique, entre toutes les espèces animales, de la seule espèce humaine [6] ».

L'exercice du langage, ajoute-t-il, « produit à la longue une sorte de dépôt sédimentaire, qui prend valeur d'institution et s'impose au parler individuel, sous les espèces d'un vocabulaire et d'une grammaire » formant donc une *langue*, « système d'expression parlée particulier à telle ou telle communauté humaine ». Plus en amont encore, Gusdorf pose la parole « non plus fonction psychologique, ni réalité sociale, mais affirmation de la personne, d'ordre moral et métaphysique ».

On peut discuter ces définitions (la parole ne serait-elle pas, par exemple, aussi une « réalité sociale » ?), elles n'en ont pas moins le mérite de poser un ordre essentiel et de situer la parole en amont par rapport à son transport, qu'il s'agisse ici de la langue ou des moyens de la déployer (l'écriture par exemple). De cette définition, Gusdorf tire la conclusion que la parole, « fonction sans organe propre et exclusif, qui permettrait de la localiser ici ou là [7] », « n'intervient pas pour faciliter les rapports [humains] mais les constitue [8] ». L'homme, en quelque sorte, serait contenu dans sa parole. Comment dire mieux l'importance et le caractère vital de la parole ? D'autant que le philosophe évoque, dans une proposition forte que nous reprendrons à notre compte ici, une « vocation originaire à l'humanité dans l'homme, qui donne progressivement à la nouvelle fonction de la parole une prépondérance incontestable dans le comportement [9] ».

Sur un autre registre, apparemment plus léger et mondain, mais qui n'en constitue pas moins une formulation essentielle, le romancier et essayiste anglais contemporain, Theodore Zeldin, fait l'apologie de la conversation, de l'échange de paroles, dans laquelle il voit un art nécessaire pour demain. Le sous-titre du livre qu'il a consacré à ce thème, *De la*

6. Georges GUSDORF, *La Parole*, *op. cit.*, p. 5.
7. *Ibid.*, p. 8.
8. *Ibid.*, p. 7.
9. *Ibid.*, p. 10.

conversation, est *Comment parler peut changer votre vie*. On ne saurait mieux dire.

Après avoir rappelé que « le XXe siècle a mis sa foi dans l'expression de soi, le partage des informations et l'effort de compréhension », Zeldin ajoute que discuter « ne change pas forcément ses idées ni ses sentiments personnels, pas plus que les idées et les sentiments d'autrui [10] ». Il propose donc, dans un long développement enthousiaste, de « promouvoir non la discussion, mais la conversation, qui transforme les gens [11] ».

« La sorte de conversation qui m'intéresse, dit-il, est celle dont, au départ, on est disposé à sortir légèrement différent. C'est une expérience dont les résultats ne sont jamais garantis, et qui implique un risque. C'est une aventure dans laquelle, ensemble, nous tentons d'apprêter le monde pour le rendre moins amer [12]. » Zeldin s'inscrit ici clairement dans une longue tradition d'ouvrages sur l'art de la conversation, issue de la rhétorique ancienne, et qui existe au moins depuis la Renaissance. Tous sont une apologie de la parole et notamment de son caractère à la fois épanouissant et pacificateur.

Sur un registre tout aussi enthousiaste et militant, mais avec une tonalité mystique supplémentaire (il s'agit ici directement d'un mysticisme de la parole), on notera les propos très forts de Valère Novarina, essayiste et homme de théâtre, pour qui « il n'y a de civilisation que fondée sur la parole [13] ». Novarina oppose volontiers la parole et la communication, lieu où les mots s'échangent « comme des idoles invisibles ». « Nous finirons un jour muets, dit-il, à force de communiquer ; nous deviendrons enfin égaux aux animaux, car les animaux n'ont jamais parlé mais toujours communiqué très très bien. Il n'y a que le mystère de parler qui nous séparait d'eux. À la fin, nous deviendrons des animaux : dressés par les images, hébétés par l'échange de tout, redevenus des mangeurs du monde et une matière pour la mort. La fin de l'histoire est sans parole [14]. »

---

10. Theodore ZELDIN, *De la conversation. Comment parler peut changer votre vie*, Fayard, Paris, 1999, p. 10.

11. *Ibid.*, p. 44.

12. *Ibid.*, p. 11 et 13.

13. Valère NOVARINA, *Devant la parole*, POL, Paris, 1999, p. 17.

14. *Ibid.*, p. 13.

Les « communicants », ajoute-t-il, ne disent jamais que ce qu'ils savent, alors que la parole est dotée d'autres pouvoirs : « Très précisément, chaque mot désigne l'inconnu. Ce que tu ne sais pas, dis-le. Ce que tu ne possèdes pas, donne-le. Ce dont on ne peut parler, c'est cela qu'il faut dire [15]. »

Faut-il suivre Novarina dans sa radicalité, dans l'opposition résolue qu'il établit entre parole et communication ? Ce qu'il nous propose en tout cas nous oblige à regarder de plus près la tension qui s'établit entre la parole et la communication, entre l'ordre des moyens et celui des finalités, tension qui est au cœur de chacun d'entre nous, quand nous décidons, avec tous les risques mais aussi tous les bénéfices que l'on peut en attendre, de ne pas garder notre parole pour nous mais de la porter, de la transporter vers les autres.

Que faisons-nous avec la parole ?

Ces trois auteurs, chacun avec sa tonalité différente, sont bien représentatifs d'une communauté de pensée, au-delà des clivages intellectuels ou culturels. Ils nous montrent la voie d'un usage précieux du mot parole, qui nous permet de désigner une réalité humaine essentielle. Mais cette réalité de la parole n'en est pas moins toujours concrète, toujours incarnée, nécessitant une mobilisation globale de l'être et une tension vers les autres. La parole n'existe finalement qu'à travers ce que nous pouvons en faire.

Que faisons-nous quand nous parlons ? Que disons-nous exactement ? Le champ des possibilités est immense et renouvelable presque à l'infini. Nous pouvons parler de nous, des autres, du monde, tel qu'il est et tel que nous le transformons. Nous pouvons même parler de ce qui n'existe pas, soit dans l'espoir de le faire advenir, soit qu'il s'agisse, pour toujours, de pure fiction. Nous pouvons aussi parler du passé, en recherchant en nous des traces d'une ancienne parole. Nous pouvons parler à distance, sans être là.

15. *Ibid.*, p. 28.

Nous pouvons parler aux autres mais nous sommes familiers aussi, sans toujours bien nous en rendre compte, du « dialogue intérieur ». Nous nous parlons ainsi à nous-même, dans un étrange dédoublement où nous sommes tour à tour l'orateur et l'auditoire. La parole est donc aussi muette. On évitera, à cette occasion, de trop utiliser le terme de « pensée », qui brouille un peu les cartes. On suivra sur ce point Merleau-Ponty qui soutient que « l'orateur ne pense pas avant de parler, ni même pendant qu'il parle », puisque « sa parole est sa pensée [16] ». La pensée est donc bien le nom donné au dialogue intérieur.

Nous pouvons parler sur toutes sortes de registres, utiliser une langue ou une autre, utiliser des signes, des gestes, des symboles, nous pouvons même, cas extrême, faire entendre une parole avec de la musique, en combinant des sons, ou avec des traits dessinés ou peints. Nous pouvons nous faire entendre en construisant des objets sans usage mais chargés d'une parole. Mais, en amont de tout cela, que voulons-nous dire ? La parole est d'abord une intention humaine, l'intention d'un homme ou d'une femme à l'intérieur du monde et de la société dans lesquels cette parole prend place. Elle est une intention de changement.

Toute conception radicalement humaniste de la parole doit partir de cette réalité première : l'homme, chaque homme, est le noyau de sa propre parole. Les conceptions communicationnelles qui sont dominantes aujourd'hui dans la culture nient cette réalité en faisant de l'homme la terminaison subjective d'un réseau. Nous avons tendance à nous percevoir de ce fait d'abord à travers du collectif. Or la spécificité de l'« espèce humaine » n'est-elle pas justement d'être composée de personnes et non d'individus toujours reliés entre eux par un système ? C'est notre capacité à sortir du système de l'espèce qui nous caractérise, qui fait de nous, d'une certaine façon, une « non-espèce », radicalement différente de toutes les espèces animales.

---

16. Maurice MERLEAU-PONTY, *Phénoménologie de la perception*, Gallimard, Paris, 1945, p. 209.

En même temps, notre manière de nous réaliser en tant que personne renvoie à notre capacité à adresser aux autres — et à recevoir d'eux — une parole propre. Là est tout le paradoxe, qui tient à la nécessité dans laquelle nous sommes de construire notre personnalité — notre individualité en tant que personne — à travers le jeu d'une parole échangée. La parole est donc fondamentalement un intermédiaire, entre moi et moi, entre moi et le monde, entre le monde et moi. C'est là sa finalité. Elle n'en a peut-être pas d'autre. Le sens de toute parole est de nous faire parvenir à l'humain.

Exprimer, argumenter, informer

Il y a bien des manières de regarder, de classer, de répertorier ce que nous faisons avec la parole, comment nous l'incarnons. On distinguera ici trois intentions distinctes, qui sont autant de « genres » ou de « formes » de parole possible et qui correspondent à trois modalités d'action sur les autres et sur le monde [17].

Ou bien nous exprimons un état. Dans ce cas, on fait appel au ressenti, au sentiment, à une vision singulière des choses. « J'ai froid », « je vois ce vert comme très intense », « j'éprouve un sentiment d'amitié pour ce garçon », « j'ai du plaisir à lire ce texte ». On parlera de « parole expressive » pour celle dont l'intention est de parler d'un état ressenti par une personne.

Ou bien nous nous formons et voulons faire partager une opinion. On est ici dans le domaine du « convaincre ». On est convaincu, ou on veut se convaincre, ou encore convaincre les autres. « L'euthanasie est un meurtre », « mon chef de service est incompétent », « voter à gauche est mieux pour la France », « les Américains ont eu tort de faire la guerre à L'Irak ». On reconnaît l'opinion à ce que l'on pourrait en avoir une autre, à

17. On se reportera, pour un développement plus ample sur les « genres » ou les « formes » de la parole, à notre ouvrage (en collaboration avec Serge Proulx), *L'Explosion de la communication à l'aube du XXIe siècle*, La Découverte, Paris, 2002, et notamment à la première partie. Nous utiliserons ici plutôt le terme de « forme », le mot « genre » servant surtout à distinguer le masculin du féminin.

ce que ceux à qui je parle en ont souvent une autre, et qu'il y a discussion. L'opinion recouvre tout ce qui est discutable. Pour convaincre, on argumente, on utilise une « parole argumentative ».

Ou bien nous informons. La « parole informative » est celle qui transporte la description la plus objectivée qui soit : le fait. Si je dis « il y a trois arbres dans ma cour », ce constat doit pouvoir être fait par tout autre témoin que moi. L'information n'est pas une perception, ni une opinion, c'est une construction formelle, obéissant à certaines règles (la perception et l'opinion aussi, mais ce sont des règles d'une autre nature).

La parole est donc nourrie d'états, d'opinions, de faits. Elle est état, opinion et fait. Chacune de ces trois formes existe rarement à l'état pur. Notre parole quotidienne est plutôt un riche mélange permanent de ces trois composantes. Mieux vaut donc parler d'une parole qui est « à dominante » expressive, argumentative ou informative.

Aimer, par exemple, est d'abord un état, qu'une parole peut porter comme tel vers son destinataire, mais dans ce cas cette présence massive d'amour à travers une parole se mâtine toujours d'un peu d'information (« je t'informe que je t'aime ») et d'un peu de conviction (« je t'assure que je t'aime »). Mais la dominante reste l'expression d'un état, jamais autant visible que dans cette parole simple et universelle de celui qui dit « je t'aime » à l'être aimé, parole parfaitement redondante dans son contenu avec la façon dont elle est dite.

Nul besoin d'être conseiller conjugal pour savoir que, dans un couple, le fait que l'un des deux partenaires soit obligé de convaincre l'autre qu'il l'aime est significatif d'une parole d'amour qui n'existe plus, ou qui n'aboutit plus. On peut aussi, autre cas de figure, informer un tiers de l'amour que l'on ressent pour une personne. Cette parole à dominante informative pourra-t-elle complètement se départir de l'émotion engendrée par l'état dans lequel on se trouve ? « Cela se voit, mon vieux », répondra l'ami ainsi « informé ».

La parole est doublement conçue pour être tournée à la fois vers les autres et vers soi. Elle est un outil vers plus d'humanité. Elle est le lieu d'une articulation entre des personnes.

Dans chaque cas, un contrat de parole différent lie les interlocuteurs. Tout se passe comme si des éléments de contexte indiquaient en permanence la forme utilisée dans tel ou tel énoncé. Si je dis « il y a trois arbres dans ma cour », seul le contexte décidera qu'il s'agit d'une information tendant à décrire simplement ce qu'il y a dans ma cour, ou si je le ressens fortement comme un élément positif, état ressenti que je transmets de cette façon, ou encore si je veux convaincre, par exemple, que l'environnement de ma cour est agréable, verdoyant, et que de ce fait mon logement n'en a que plus de valeur...

L'attente ne sera pas la même dans les trois situations. L'auditoire a une posture d'écoute qui varie selon que la parole qui lui est adressée relève d'une forme ou d'un autre. Posture discutante dans un cas : « Trois arbres ne créent-ils pas des nuisances, absence de lumière, humidité, feuilles mortes à l'automne ? » — contre-arguments appelant réponse. Posture de partage, ou d'indifférence, quand quelqu'un vous dit son émotion devant cette présence végétale. Posture exigeante devant une parole informative, dont on attend toujours qu'elle soit précise, ordonnée, hiérarchisée et que celui qui la tient s'abstraie en quelque sorte de ce qu'il dit.

Cette attente de l'auditoire a été décrite par le linguiste anglais Herbert Paul Grice sous le nom de « principe de coopération [18] ». Dans toute conversation, on s'attend à ce que la contribution des participants corresponde à certaines règles de coopération, concernant la quantité, la qualité, la relation, la modalité. Par exemple, que cette contribution « contienne autant d'informations qu'il est requis pour les visées conjoncturelles de l'échange », mais « ne contienne pas plus d'informations qu'il n'est requis ». Qu'elle soit « véridique » et « pertinente ». Qu'on s'y exprime clairement, brièvement et sans ambiguïté, etc. Ces normes de l'attente conversationnelle conviennent parfaitement à la parole informative. Il n'est pas sûr qu'elles soient pertinentes pour la parole expressive, où le manque d'information et l'ambiguïté, par exemple, peuvent ouvrir l'espace à une meilleure compréhension d'un état, ni à

18. Herbert P. Grice, « Logique et conversation », *Communications*, n° 30, Seuil, Paris, 1979.

la parole argumentative, où la redondance des arguments produit souvent un effet positif.

Une autre option : la langue des signes

Ce premier tableau concernant la parole, la prise de parole, comme réalité humaine et sociale essentielle, ne serait pas complet si l'on ne mettait pas immédiatement l'accent sur une *option de communication* que la plupart des communautés et des sociétés humaines semblent avoir retenue aujourd'hui. La plupart des voies de communication qui sont ouvertes dans nos sociétés, notamment du point de vue de la communication interactive (la télévision ou la radio ne sont guère interactives, là où le face-à-face ou le téléphone le sont par exemple), utilisent en effet l'oral et sa retranscription phonétique sous la forme de l'écriture alphabétique.

On parlera plus précisément à cette occasion de « canal vocal auditif », terme un peu barbare mais qui a le mérite de rendre compte du fait que l'oral mobilise deux sens : le vocal, pour parler, l'auditif, pour entendre à la fois ce que l'on dit soi-même et ce que les autres disent. Le choix de l'oral vaut aussi, notons-le, pour l'instance du dialogue intérieur, car lorsque nous nous parlons à nous-même, c'est bien une forme de l'oral, paradoxalement silencieuse, que nous mettons en œuvre. La majorité des systèmes de notation écrite utilisés dans le monde — à la notable exception des écritures idéographiques asiatiques — sont une pure et simple retranscription de la parole orale. Lire un texte équivaut à entendre son auteur parler.

Pourquoi parler de « choix » ou d'« option » de communication ? L'oral, le canal vocal auditif, n'est-il pas un moyen de communication naturel ? Cette croyance, assez partagée, vient du fait que nous confondons le moyen de communication dominant, en tout cas le plus couramment utilisé, et le fait que ce moyen de communication serait naturel.

Dans la pratique, il existe une autre option de communication qui transporte tout aussi bien la parole humaine, le « canal visuel-gestuel ». Il est en effet tout à fait possible d'utiliser le geste comme support de la parole, non pas le geste qui coderait l'oral, mais bien le geste comme support à part entière des énoncés signifiants qui constituent la parole.

Le visuel-gestuel est un autre choix qui a peut-être été le moyen principal de communication des sociétés humaines jusqu'à ce qu'intervienne, comme le dit Claude Hagège, la « généralisation » du canal vocal auditif. Mais il n'est pas juste d'affirmer qu'il s'agit aujourd'hui d'un moyen universel. Le visuel-gestuel a été utilisé dans l'histoire par plusieurs communautés religieuses, dont les moines trappistes. Ceux-ci avaient décidé de renoncer non à la communication (comme c'est le cas de certains mystiques, par exemple les anachorètes), mais à une forme de communication particulière, la communication orale. Ils ont donc utilisé une langue de gestes signifiants.

Plus près de nous, on verra se développer, dans les communautés de personnes sourdes, c'est-à-dire privées du canal auditif indispensable à une bonne pratique de l'oral, des langues de signes qui utilisent pleinement le canal visuel-gestuel. Ces langues (car il n'y a pas une seule langue des signes, même si toutes sont très proches) ne sont ni du français, ni de l'anglais ou du chinois, qui seraient traduits en gestes, mais bien des langues spécifiques, que l'ethnologue Yves Delaporte identifie comme des « langues iconiques [19] ». Ce qui veut dire que la parole intérieure que se tiennent les sourds qui « signent » (qui communiquent par gestes signifiants) recourt aussi à la langue des signes.

Un enfant sourd, né de parents sourds et dont la langue maternelle est la langue des signes, devra, s'il veut s'insérer dans l'ensemble de la société à laquelle il appartient, apprendre *aussi* le français, à cette différence près que s'il peut le « lire » sur les lèvres des entendants qui le parlent, le lire et l'écrire grâce à l'écriture alphabétique, parfois l'articuler, il ne pourra jamais ni entendre, ni s'entendre parler français. Or le français est d'abord une langue orale.

Contrairement aux représentations habituelles que nous en avons, la langue des signes est une langue pleine et entière, capable tout aussi bien d'exprimer des éléments concrets que

19. Yves DELAPORTE, *Les Sourds, c'est comme ça*, Éditions de la Maison des sciences de l'homme, Paris, 2002.

des éléments abstraits, d'utiliser des métaphores et des descriptions, des glissements de sens, capable de mettre en œuvre les trois registres expressif, argumentatif et informatif à travers des milliers de signes complexes, capable donc de porter la parole humaine dans toute son intégrité.

Une société « audiocentrée » ?

Que la plupart d'entre nous en doutions, par ignorance ou du fait de l'« audiocentrisme » qui est la marque de nos sociétés dominée par l'oral, ne change rien à la situation. Il y a parmi nous, à l'intérieur de nos sociétés, des personnes qui utilisent un autre canal de communication que le vocal auditif. Elles sont la preuve vivante que la parole n'est pas soudée à l'oral et qu'elle constitue une réalité en amont de l'ordre de la communication.

Il y a certes d'importantes résistances, pour de bonnes et de mauvaises raisons, dans nos sociétés audiocentrées, à admettre que d'autres canaux de communication sont possibles. Ces résistances ont eu — et ont encore — des conséquences tragiques pour le monde des sourds. Longtemps considérés, au moins jusqu'au XVIIIe siècle en Occident, comme des « idiots de naissance » parce que incapables de communiquer (oralement), les sourds se sont vu interdire, jusqu'à aujourd'hui encore, d'utiliser la langue des signes au profit des techniques éducatives et médicales visant à les « démutiser », c'est-à-dire à leur donner l'équivalent d'un accès à l'oral, et donc au français.

Les conséquences de cette résistance à voir dans la langue des signes le moyen de transport d'une parole pleine et entière sont nombreuses et sont loin de ne concerner que les sourds. D'une part, ne voulant pas voir qu'il y a au moins une autre option de communication possible, nous identifions complètement la parole à l'oral, là où la parole trouve sans problème son chemin par d'autres canaux. D'autre part, nos sociétés ont complètement replié leurs moyens de communication, notamment interactive, autour de l'option orale.

Un exemple simple illustre ce fait : l'innovation technique en matière de communication interactive s'organise principalement autour de la téléphonie (inventée par Graham Bell paradoxalement pour tenter de redonner l'audition à sa femme, qui était sourde), dont on sait les importants développements, et autour de l'échange de l'écriture phonétique (dite alphabétique), notamment grâce à Internet. Une société de sourds aurait plutôt développé les techniques de la « vidéocommunication » qui permet sans difficulté le transport de la parole à distance grâce à la vidéo interactive. Quoi de plus simple en effet que cette technique, pour transporter la parole (signée) à distance ?

Ces dispositifs ont déjà été inventés — les premières expérimentations du visiophone ont par exemple eu lieu en France, dès 1984, à Biarritz — et fonctionnent très bien. Mais il n'y a pas de marché pour cela, car le public entendant ne semble pas s'y intéresser (les développements de ces techniques sur Internet, grâce aux « Webcam », sont très lents, pour les mêmes raisons). Tout cela tient à ce que nous sommes dans une société audiocentrée pour tout ce qui concerne l'échange de parole, même si elle fait une large place à l'image dans la communication non interactive, comme le cinéma ou la télévision.

Le fait que nous soyons dans une société qui emprunte uniquement l'option vocale auditive pour l'échange de parole n'est pas sans conséquence sur notre rapport à la parole. C'est principalement en *écoutant* les autres que nous avons accès à leur monde, et dans l'environnement le sonore exerce sur nous une forte attraction.

Sommes-nous de ce point de vue des « handicapés du visuel » ou encore des « déficients gestuels profonds », comme le suggère avec humour un interlocuteur sourd à l'ethnologue qui cherche à comprendre la différence des deux mondes [20] ? Ce qui est sûr, c'est qu'une personne qui utilise le canal visuel-gestuel ne vit pas tout à fait dans le même monde que celle qui se cantonne au vocal auditif. Rêvons un instant. Ces deux manières d'aborder le monde, de le mettre en parole, ces deux manières de prendre la parole ne sont-elles pas formidablement complémentaires ? Ces deux « canaux », loin d'être concurrents, ne composent-ils pas, ensemble, une parole complète ?

20. *Ibid.*, p. 60.

2

La parole en conflit avec ses techniques

Une caractéristique importante de la parole est qu'elle a besoin d'être transportée, *communiquée*, pour arriver à destination. L'espèce humaine a cette particularité d'être la seule à être douée de parole, mais elle partage avec les non-humains l'impératif de la communication d'un individu à l'autre. L'imaginaire de la « transmission de pensée » nous indique bien ce à quoi nous devons en permanence renoncer : l'illusion d'une parole directe, fusionnelle, sans médiation, sans *communication.*

Pas de parole sans communication

La communication est le complément indispensable, structurel de la parole. Sans communication, pas de parole, sauf à imaginer, autre fantaisie de l'imaginaire, un monde d'êtres autistes, perspective ultime de la société individualiste — des êtres doués de parole, mais ne communiquant plus jamais avec les autres, au sein d'une société de purs individus, qui se serait dénouée comme société.

Sans parole, y a-t-il une communication possible ? Sans aucun doute, mais ce cas de figure ne concerne pas l'homme. Il renvoie plutôt, à coup sûr, à l'univers des machines, notamment informatiques, qui ne cessent de communiquer mais qui n'ont pas de parole. Peut-être aussi à l'univers animal, peuplé, on le sait, de créatures qui communiquent beaucoup, de façon plus ou moins complexe, selon le degré atteint par l'espèce dans l'évolution. Les amibes communiquent, mais elles n'ont pas de parole : elles n'ont rien à se dire.

Les moyens de communication se diffractent en deux modalités, bien distinctes, selon qu'ils permettent une communication directe, face à face, ou qu'il s'agisse d'une communication à distance, sans présence vivante. Certains ont pu rêver de ne plus communiquer qu'à distance, pour réduire la violence sociale, ainsi rapportée à la présence physique. C'est ce que l'on pourrait appeler l'utopie de la communication à distance, bien illustrée par un ouvrage d'Isaac Asimov, qui décrit — déjà en 1955 — une société organisée autour d'un réseau de communication et dans laquelle la rencontre physique est un tabou majeur [1].

Mais dans l'espèce humaine, la parole et la communication sont étroitement solidaires. Et, en même temps, elles sont prises dans une curieuse dialectique. La communication est une construction, un artifice, un art. Au fil de son histoire, l'homme s'est doté de divers moyens de communication, qui répondent chacun à sa manière à la question que chacun d'entre nous se pose : « Comment dire ce que j'ai à dire ? » et, plus précisément : « Quel est le moyen le plus approprié pour faire passer cette parole que je veux tenir ? » Ces grands moyens de communication font partie de notre environnement familier. On en distinguera ici six : l'oral (le vocal-auditif) et la musique ; le geste (à la fois geste d'accompagnement de l'oral, mais aussi geste signifiant en tant que tel — visuel-gestuel) ; l'écrit ; l'image ; le silence (là aussi silence d'accompagnement et silence signifiant) ; la mémoire. Il n'est peut-être pas

1. Isaac ASIMOV, *Face aux feux du soleil*, J'ai lu, Paris, 1970 ; voir également l'analyse de ce thème dans notre ouvrage : Philipe BRETON, *Le Culte de l'Internet*, La Découverte, Paris, 2000.

inutile de rappeler quelques-unes des questions posées par leur usage.

À ces six moyens, il faudrait ajouter ce que le corps permet de dire, notamment dans le registre expressif, sans pour autant que cette communication soit « sous contrôle » de la conscience : le rougissement, l'odeur corporelle, ou peut-être certaines marques sur la peau, qui sont peut-être des restes fossiles d'une période où aurait existé une « protocommunication » utilisant la peau (voir à ce sujet les travaux du psychanalyste Jean Guir [2]).

Une pluralité de moyens de communication

L'oral est-il le premier moyen de communication que l'homme ait connu, ou bien le visuel-gestuel le concurrence-t-il dans son statut de communication originelle ? Les traces directes les plus anciennes que nous avons d'une activité de communication humaine sont les images gravées ou peintes qui remontent à – 77 000 ans (grotte de Blombos en Afrique du Sud). Ce sont d'ailleurs des figures géométriques abstraites. Nul doute que les hommes qui gravent et dessinent des signes géométriques ou des scènes animalières, comme sur les parois de la grotte Chauvet (– 31 000), ne soient dotés d'une parole. Rien n'indique toutefois formellement qu'ils utilisent l'oral pour communiquer. Ce sont les mêmes hommes qui, depuis au moins – 100 000, enterrent leurs morts en accompagnant ce geste de rites funéraires. Nul doute que ceux-là aient une parole. D'autant qu'ils sont clairement capables, comme le montre le linguiste Jean-Marie Hombert à propos du peuplement de l'Australie, vers – 60 000 ans, de naviguer, donc d'utiliser un langage articulé nécessaire à une telle organisation de l'action [3]. Celui-ci est-il oral ? À vrai dire, nous n'en savons rien.

---

2. Jean Guir, *Psychosomatique et cancer*, Point Hors-ligne, Paris, 1983.
3. Entretien avec Jean-Marie Hombert, « L'émergence du langage articulé », *Sciences humaines*, n° 126, avril 2002.

Accompagnant immédiatement l'oral, le précédant d'un peu pour certains, le geste est un autre moyen de communication important pour l'homme. Il faudrait parler, plus précisément, du geste signifiant, celui qui porte la parole à travers une sorte d'alphabet corporel. Ce moyen de communication de la parole a peut-être existé, à l'époque paléolithique, comme unique moyen de communication ; mais, selon Claude Hagège, « l'universalité du “choix”, par ces sociétés préhistoriques dispersées, du signifiant vocal-auditif pour produire du sens alors que d'autres canaux étaient possibles » peut expliquer la « brillante carrière du sonore [4] ».

Il est difficile aujourd'hui de savoir si le premier moyen de communication était le geste ou l'oral. La seule certitude que nous ayons à ce sujet est le fait que l'homme utilise à partir de – 4 000 ans une écriture de type alphabétique, signe indubitable qu'il utilise l'oral pour communiquer (l'usage de l'écriture idéographique peut accompagner une langue gestuelle et n'est en aucun cas la preuve de l'existence des langues orales). Il est vrai par ailleurs que toutes les sociétés dites « primitives » que nous connaissons aujourd'hui, quel que soit le « stade » auquel elles se trouvent, utilisent comme moyen de communication le canal vocal-auditif.

L'oral est d'une certaine façon « plus pratique », il permet le transport de la parole la nuit, en présence d'obstacles et plus loin que le geste signifiant. Avec un effort d'imagination, nous pouvons en effet concevoir la situation de ces hommes et ces femmes, aux prises avec l'obscurité, toujours dangereuse en ces temps où les groupes humains ne se sont pas encore dotés d'abris sûrs qui les protègent des bêtes sauvages et des conditions naturelles souvent hostiles, confrontés à la nécessité de coordonner leurs actions, leurs gestes, et aussi de se parler, pour se rassurer, se convaincre que demain sera meilleur — se séduire aussi, peut-être. La nuit, et même le jour, la dispersion et l'éloignement privent peut-être ces paroles d'aboutir si elles ne trouvent comme moyen d'accomplissement que le geste. Imagine-t-on le pouvoir du son dans la nuit, les images que ces paroles orales font naître dans les consciences ? Imagine-t-on

4. Claude HAGÈGE, *L'Homme de paroles*, *op. cit.*, p. 23.

les premiers mots, les premiers récits, qui résonnent dans le noir, ouvrant la voie à l'existence d'un monde sans réalité, imaginaire, loin de la bouche invisible de celui qui les raconte ? Grâce à la parole, le monde s'éclaire et se rend visible, même dans l'obscurité la plus profonde.

À côté du geste et de l'oral, et peut-être contemporain du paléolithique, il faut compter la musique, moyen de communication avant de devenir, presque à part entière, un « art ». Comme le dit un bon connaisseur de la musique populaire, le chanteur de rock Michael Philip Jagger (dit Mick Jagger), leader des Rolling Stones, « avec une chanson, on peut s'adresser à quelqu'un d'une manière directe [5] ». Avant de devenir art (noble ou populaire), la musique n'a-t-elle pas été un moyen de communication important, notamment dans les sociétés primitives, mais aussi dans les sociétés rurales de l'époque moderne ? Encore faut-il distinguer entre la musique proprement dite et les paroles qui souvent l'accompagnent. L'instrument n'est-il pas, à sa manière, moyen de prolongement de la voix et, en amont, de la parole ? On trouve dès – 15 000 ans, selon Louis-René Nougier [6], la « preuve de moyens de communication sonores » : flûtes, sifflets et cornes d'appel...

Quatrième grand moyen de communication, le plus inattendu peut-être, le silence. Ce continent est exploré notamment par David Le Breton, comme élément clé de son anthropologie du corps. Pour cet auteur, « si la présence de l'homme est d'abord celle de sa parole, elle est aussi inéluctablement celle de son silence [7] ».

L'approche du silence peut s'organiser autour de deux pôles, le silence-défection, celui qui est absence, retraite, repli en soi, et le silence-communication, qui porte une parole souvent forte. « Le silence le plus profond, dit encore Novarina, est une parole, de même que l'immobilité vraie est le

5. Mick Jagger, propos recueillis par Sylvain SICLIER, *Le Monde*, 13 novembre 2001, p. 31.

6. Louis-René NOUGIER, *L'Essor de la communication. Colporteurs, graphistes, locuteurs dans la préhistoire*, Lieu commun, Paris, 1988, p. 167.

7. David LE BRETON, *Le Silence*, Métailié, Paris, 1997, p. 25.

mouvement[8] » ; à quoi répond d'ailleurs le proverbe arabe : « Si ton chant n'est pas plus beau que le silence, tais-toi ! »

Demandant un jour à son grand-père de lui raconter Verdun, un enfant se vit opposer, de façon répétée et à cette question précise, un silence lourd de signification. Que la chose a donc dû être terrible pour que la parole qui en témoigne ne trouve que le silence pour s'exprimer ! L'enfant entrevit avec force ce qu'était la guerre, à travers cette parole intense qu'exprimait le silence. Nous sommes là aux frontières ultimes de la parole et de sa communication.

Silence, musique, geste, oral, cet ensemble assez complet précède l'image, qui est « inventée », rappelons-le, avant l'écriture. Avec l'image, nous croyons tenir du certain, du concret. Les paroles et les gestes, les silences et la musique, tout cela s'est envolé ; et l'image est bien la première attestation d'une activité humaine qui peut s'apparenter à de la communication. Prenons l'exemple le plus connu, celui de la grotte Chauvet[9], où se déploient, à partir de – 32 000 ans, les trésors de l'« art préhistorique » : des dizaines de peintures représentant des animaux, quelques signes abstraits et des empreintes de mains, négatives comme positives. L'image est promise, à partir de là, à une longue destinée, jusqu'aux confins actuels de l'image animée et sonorisée, l'image de cinéma ou de télévision.

Dernière invention humaine dans le domaine des moyens de communication de la parole, l'écriture (– 6 000 ans). D'abord image, idéogramme, pictogramme ou hiéroglyphe, l'écriture va se transformer rapidement en alphabet, c'est-à-dire en code phonétique qui retranscrit directement les sons de la parole orale. L'écriture alphabétique, phénicienne d'abord, mais surtout grecque, permet ainsi, comme le dit Baudouin Jurdant, qui insiste sur le caractère essentiel de ce déplacement, de « faire voir par les yeux ce que la parole fait entendre par les oreilles[10] ».

---

8. Valère NOVARINA, *Devant la parole*, *op. cit.*, p. 28.

9. Découverte par Jean-Marie Chauvet dans le sud-est de la France, en Ardèche, en 1994. Pour une visite en images de la grotte Chauvet : <http://www.culture.fr/culture/arcnat/chauvet/fr>.

10. Baudouin JURDANT, « Entre la parole et l'écriture », *Apertura*, vol. 9, 1993, p. 120-131.

La parole trahie par sa communication ?

Ces six moyens de communication sont-ils équivalents ? Non, bien sûr. On peut faire à ce sujet plusieurs remarques. La première tient à ce que, depuis l'écriture, dernier grand moyen de communication inventé, aucun moyen nouveau n'a été mis au point et utilisé, sauf peut-être l'invention, ou la réinvention — si celles-ci avaient déjà été utilisées au paléolithique —, des langues visuo-gestuelles. Certains technophiles enthousiastes ont pu croire, il y a quelques années, que les supports « multimédias », intégrant l'oral, l'écrit et l'image, ou les procédés « hypertextes » qui leur sont associés constituaient une nouvelle « écriture », en somme un nouveau moyen de communication. Le peu de succès de ces nouveaux supports, du moins dans leur fonction d'intégration de moyens de communication jusque-là séparés, indique qu'il s'agissait sans doute d'un faux espoir, porté, au croisement de l'utopie et du commerce, par d'autres intérêts que le simple constat objectif de l'apparition d'un nouveau moyen de communication.

Il n'y a plus de nouveaux moyens de communication depuis six mille ans. Toutefois, le mouvement d'innovation a continué, mais il concerne désormais les supports de la communication, qui sont un prolongement de chacun des moyens. Ainsi le sonore se prolonge dans les progrès de l'acoustique (les grands amphithéâtres nécessaires à l'exercice de la parole dans les premiers temps de la démocratie grecque), puis, bien plus tard, dans le téléphone et la radio, autant de techniques permettant de porter la parole orale à distance. L'image se prolonge dans les progrès de la peinture, de la gravure et de la sculpture, puis de la photo, du cinéma et de la vidéo. L'écrit, quant à lui, connaît une ligne d'évolution des supports particulièrement riche, de la lettre manuscrite au courriel et aux sites informatiques, en passant par l'imprimerie, le livre et le journal.

Dans tous les cas, le ressort de l'innovation en matière de support est l'impératif de la communication à distance, dans l'espace mais aussi dans le temps. On remarquera que plus la parole est portée à distance, donc s'éloigne de la situation originelle du face-à-face, plus les moyens et supports de la communication suscitent d'interrogations. Le processus de transformation de la parole lorsqu'elle est communiquée, surtout à distance, l'affecte de la possibilité d'une perte. La communication jouerait-elle contre la parole ?

Trois débats anciens, qui se poursuivent encore aujourd'hui sous d'autres formes, témoignent de la conscience d'un face-à-face difficile entre la parole et la communication, entre ce que l'on a à dire et les moyens de le dire. Ils concernent tous trois, justement, les deux moyens de communication qui permettent le transport à distance : l'image et l'écriture.

L'interdit de l'image : garantie de la parole ?

Les traces les plus anciennes qui attestent l'existence d'un débat social concernant le rapport de la parole et de l'image sont les passages que l'Ancien Testament consacre à ce sujet. L'image, on le sait, y est l'objet d'un interdit fort, qui constitue une des dix lois que Dieu transmet à Moïse. On trouve à plusieurs endroits du texte, comme par exemple Exode 20 : 4 ou Deutéronome 5 : 8, l'énoncé de cet interdit, qui concerne toute chose, tout être ou toute scène représentable : « Tu ne te feras point d'image taillée, ni de représentation quelconque des choses qui sont en haut dans les cieux, qui sont en bas sur la terre, et qui sont dans les eaux plus bas que la terre. »

On peut commenter à l'infini cette étrange proposition, il n'en reste pas moins qu'elle témoigne à l'évidence d'un soupçon de méfiance, voire de trahison, à l'égard de l'image. Comme le dit Novarina, « il y a une lutte depuis toujours entre la parole et les idoles [11] ». Il faut insister sur le fait que cet interdit ne concerne pas seulement l'image de Dieu, comme on le croit généralement à partir d'une vulgarisation biaisée du texte, pourtant précis sur ce point, mais bien toute scène représentable. On remarquera également que cette interdiction peut être mise en rapport avec le passage, à peu près à la même époque, de l'écriture cunéiforme idéographique, qui utilise

11. Valère NOVARINA, *Devant la parole*, *op. cit.*, p. 17.

donc des images, à l'écriture alphabétique, notamment araméenne et hébraïque, qui a servi à retranscrire les traditions orales juives.

Cet interdit a largement influencé les trois cultures issues de l'Ancien Testament, le judaïsme, l'islam et le christianisme. Le judaïsme a maintenu, dans ses cercles les plus orthodoxes mais aussi dans l'essentiel de sa tradition, cet interdit. L'islam également, dont les mosquées, comme les synagogues, ne comportent aucune représentation décorative ou religieuse qui soit une image.

Les Talibans, lorsqu'ils dirigeaient l'Afghanistan, ont donné l'exemple d'une stricte observance de cet interdit (pas de films, pas de TV, pas de statues, pas d'images). Les rédacteurs de l'Ancien Testament ont-ils innové sur ce point ou bien traduisaient-ils dans la nouvelle religion une préoccupation de leurs contemporains sur le rôle de ce moyen de communication, assez répandu depuis le paléolithique ?

Le christianisme, après avoir observé l'interdit jusqu'aux alentours du IXe siècle, a petit à petit autorisé l'image religieuse, seul motif pendant longtemps des artistes, puis l'image tout court, bien intégrée maintenant à la pédagogie religieuse. C'est en fait toute l'histoire de l'art en Occident qui est déterminée par cet interdit initial et sa transgression progressive.

Il est difficile en effet de ne pas relier cette question, aux deux bouts de la chaîne temporelle, d'une part, à l'apparition très tardive de l'image de l'homme dans les représentations des grottes ornées et, d'autre part, à la méfiance récurrente de l'homme d'aujourd'hui vis-à-vis de l'image. Dès – 32 000 ans on trouve, nous le savons, des représentations pariétales (sur roches) très précises de nombreux animaux. La finesse du trait, la saisie du mouvement et des attitudes font de ceux qui ont utilisé ce moyen de communication des hommes ou des femmes capables de représenter l'ensemble de l'univers qui leur est connu. Or ils choisissent de ne pas tout représenter et surtout pas des humains. Il faut attendre entre – 10 000 ans et – 5 000 ans pour qu'apparaissent les premières figures humaines. Pourquoi tant tarder ? Nul doute que les systèmes symboliques à l'intérieur desquels évoluent les peintres potentiels de figures humaines ne leur retiennent la main ou ne rendent non pertinentes (la formulation est plus juste) de telles représentations.

Il est difficile bien sûr de tirer trop de conclusions de renseignements aussi ténus, pour lesquels il manque un cadre d'interprétation plus solide. Le monothéisme, par ailleurs, invente l'idée d'un Dieu abstrait et invisible, que même ses prophètes ne peuvent regarder en face (comme dans Exode 33 : 20, « L'Éternel dit : "Tu ne pourras pas voir ma face, car l'homme ne peut me voir et vivre" »). Ce Dieu ne supporte pas la concurrence et donc pourchasse les idoles. Cela est compréhensible, mais pourquoi alors étendre l'interdiction à tout ce qui est sur terre et dans les cieux, c'est-à-dire l'ensemble du représentable ?

On conclura ici provisoirement au statut ambivalent de l'image, pour le moins, dans les sociétés humaines et ce probablement dès son invention. La parole se trouve dotée avec l'image d'une formidable puissance, mais cette puissance n'est-elle pas dangereuse, au moins équilibrée par une perte équivalente ? Ou encore, plus radicalement, ce que nous avons à dire ne se porte-il pas mieux de renoncer à l'image, donc à une perte potentielle peut-être plus importante que le gain ?

La trahison de l'écriture

On trouve pour l'écriture des indications similaires. Son invention en Chine aurait suscité des résistances intellectuelles fortes. Nulle trace, pour la période qui suit l'invention de l'écriture idéographique en Mésopotamie, d'une telle opposition. En revanche, dans le monde grec de l'écriture alphabétique et de la révolution démocratique, la résistance d'un Socrate fait grand bruit. Le philosophe, on le sait, avait renoncé à écrire. Il évoque le « lot de dommage et d'utilité pour ceux qui doivent s'en servir », et un « pouvoir qui est le contraire de celui qu'elle possède ». Cet art, ajoute-t-il, « produira l'oubli dans l'âme de ceux qui l'auront appris, parce qu'ils cesseront d'exercer leur mémoire. [...] Quant à la science, c'en est la semblance qu'[elle] procure à ses disciples, non la réalité. [...] De plus, ils seront insupportables dans leur commerce, parce qu'ils seront devenus des semblants de savants, au lieu d'être des savants [12] ».

Plus troublant encore, Socrate compare de ce point de vue l'image et l'écriture : « De fait, les êtres qu'engendre la peinture se tiennent debout comme s'ils étaient vivants ; mais qu'on les interroge, ils restent figés dans une pose solennelle et gardent le silence. Et il en va de même pour les discours. On pourrait croire qu'ils parlent pour exprimer quelque réflexion ; mais, si on les interroge, parce qu'on souhaite comprendre ce qu'ils disent, c'est une seule chose qu'ils se contentent de signifier, toujours la même. Autre chose : quand, une fois pour toutes, il a été écrit, chaque discours va rouler de droite et de gauche, et passe indifféremment auprès de ceux qui s'y connaissent, comme auprès de ceux dont ce n'est point l'affaire ; de plus, il ne sait pas quels sont ceux à qui il doit ou non s'adresser. Que par ailleurs s'élèvent à son sujet des voix discordantes et qu'il soit injustement injurié, il a toujours besoin du secours de son père ; car il n'est capable ni de se défendre ni de se tirer d'affaire tout seul [13]. »

Ces propos sont loin d'être ceux du marginal grincheux que l'on évoque parfois. Ils sont au contraire au cœur d'un rapport social à l'écriture courant dans l'Antiquité grecque et romaine (jusqu'au seuil de l'Empire, qui réservera un accueil plus favorable à l'écriture comme moyen de contrôle social). L'oral reste en effet le moyen de communication privilégié pour tout ce qui est essentiel à la vie publique, l'écrit n'ayant qu'un rôle d'appoint et de retranscription. Nous sommes là en présence d'une norme sociale forte, qui veut par exemple que tout au long de l'Antiquité, au moins jusqu'à l'Empire, il ait été impensable qu'un orateur lise un texte.

Le troisième débat, qui témoigne d'une tension entre la parole et la communication, concerne la résistance qui s'inaugure dans le monde grec à ce qui est vécu comme une artificialisation de la parole. Les sophistes, véritables professionnels de la parole, se voient accusés de manipulation dès qu'ils prétendent travailler le langage, le mettre en forme pour

---

12. Platon, *Phèdre*, GF-Flammarion, Paris, 1997, p. 178-179.
13. *Ibid.*, p. 180 (275d-276a).

convaincre. Ce débat entre parole authentique et parole manipulée va traverser, jusqu'à aujourd'hui, toute l'histoire de la rhétorique et du rapport moderne à la parole et au langage [14].

Le privilège du face-à-face

La parole ne sort donc pas indemne de ce qu'elle est obligée de se donner des outils pour être communiquée. Plus ceux-ci éloignent la parole de l'oral et du face-à-face, plus la suspicion gagne. C'est pourquoi, loin de s'être succédé, les différents moyens de communication se sont cumulés, avec un privilège maintenu pour l'oral, mais aussi pour le visuel-gestuel, dans le cas des sourds-muets, *dès que la situation le permet.* La communication à distance n'est peut-être qu'un pis-aller de la communication « première », en face-à-face, la communication la plus proche de la parole.

Comme l'indique avec force Claude Hagège, « la relation de l'oral et de l'écrit se trouve être un objet d'antiques et incessantes controverses » ; et il ajoute, en prenant partie, que « la communication orale, seule naturelle, est seule chargée de tout le sens d'origine » là où « l'invention de l'écriture a contribué à occulter l'exercice vivant de la parole [15] ».

Pourquoi l'oral serait-il supérieur ? Entre autres arguments, Hagège énonce celui-ci : l'oral « est multiplanaire. Un phénomène capital, dont aucun système d'écriture connu ne conserve la trace, le fait bien apparaître. Ce phénomène est l'intonation, [...] qui stratifie souvent le discours oral en une structure hiérarchique où le message principal n'est pas prononcé sur le même registre que les incises, éventuellement imbriquées les unes dans les autres. Une reproduction graphique qui, bien qu'exacte pour le reste, ne note pas l'intonation, peut paraître quasiment inintelligible [16] ». Nous avons vu que la parole signée est dotée des mêmes propriétés.

---

14. Voir notamment Françoise DESBORDES, *La Rhétorique antique*, Hachette supérieur, Paris, 1996.

15. Claude HAGÈGE, *L'Homme de paroles, op. cit.*, p. 88 et p. 109.

16. *Ibid.*, p. 109.

L'écriture, comme l'image, est une réduction, une parole contrainte pour pouvoir durer, aller plus loin. Gain d'un côté, perte de l'autre. L'oral (comme le gestuel) serait plus proche de la parole, car il engage tout l'être dans une intonation globale. L'éloge de la parole est d'abord un éloge du face-à-face.

Chacun d'entre nous est en fait confronté quotidiennement à une question simple (en théorie) : quel est le moyen de communication le plus approprié pour la parole que je souhaite tenir ? On constatera que plus la parole tenue est forte et impliquante, plus nous cherchons le recours, quand il est possible, au face-à-face.

Les nouvelles technologies au service de la parole ?

Le débat qui s'est instauré sur les possibilités ouvertes par les nouvelles technologies de communication ne reprend-il pas à sa façon ces anciennes questions ? On sait qu'Internet a été entouré de la promesse, largement utopique, d'une meilleure communication. Or ce réseau favorise largement la communication indirecte. Sa promotion a même longtemps reposé sur une apologie à la fois de la communication indirecte (vous pourrez tout faire de chez vous, sans sortir) et d'une disqualification de la rencontre directe. Les nouvelles technologies sont bien, pour reprendre une formule que nous avions utilisée dans un précédent ouvrage, au service d'une société « faiblement rencontrante et fortement communicante [17] ».

Nous sommes là, toutefois, au cœur d'une utopie. Les propositions de cette utopie vont même plus loin. Du fait du développement des moyens de communication, la parole serait « meilleure » et la violence, liée au face-à-face, reculerait. L'illusion est ici à son comble, car au cœur de cette utopie est tapie une croyance de nature quasi religieuse et que l'on pourrait résumer ainsi : la communication, l'usage croissant de

17. Philippe Breton, *L'Utopie de la communication. Le mythe du village planétaire*, La Découverte, Paris, 1995.

moyens de communication, sanctifierait la parole ainsi transportée [18].

La réalité d'Internet est plus modeste. Le réseau remplit en fait trois fonctions bien distinctes et qui sont chacune le prolongement d'un moyen de communication plus ancien. Le courrier électronique a repris les anciennes fonctions de la poste, avec une efficacité accrue mais sans changement structurel sur la nature de la parole ainsi échangée. On rencontre là les mêmes problèmes que dans l'usage général de l'écrit. L'écrit ne peut jamais prétendre qu'au statut de complément ou de substitut de la rencontre directe et de la parole face-à-face, dans sa réalité pleine et entière. Certains soutiennent même que l'usage du courriel peut renforcer la violence des communications en privant les interlocuteurs de toutes les régulations que permet le face-à-face.

Les sites Web ont certes accru notre pouvoir d'accéder à l'information, mais le problème de la qualité, de la validité et de la pertinence des informations en ligne reste posé. La meilleure information reste finalement celle qui est garantie par le médiateur le plus fiable, donc le plus proche, celui en qui l'on a confiance. La notion de proximité est là aussi essentielle.

Les forums de discussion qui organisent des échanges indirects ne permettent pas toute l'ouverture de la communication que l'on avait supposée initialement. Ils servent surtout aux communautés déjà constituées et ne sont que de peu d'aide — et comment le seraient-ils ? — pour ouvrir le champ de la parole. D'après certains spécialistes, la fonction argumentative de la parole y trouverait peu de place. Il s'y succéderait plutôt des « doubles dialogues », où chacun s'exprime sans forcément écouter l'autre.

Difficile en effet d'argumenter à distance avec des personnes qu'on ne connaît pas, et d'ailleurs pour quoi leur dire ? Il ne suffit pas d'avoir à sa disposition un moyen de communication, encore faut-il avoir une parole à transmettre. Le fétichisme qui a entouré la communication et ses techniques ces derniers temps ne doit pas nous faire perdre de vue

18. Philippe BRETON, *Le Culte de l'Internet*, *op. cit.*

cette réalité fondamentale : la parole est bien la finalité de la communication.

Trois sens différents

Le mot parole est donc utilisé aujourd'hui dans trois sens différents. Le premier, et le plus courant dans nos sociétés audiocentrées, est le sens de « parole orale », d'expression verbale, comme dans le proverbe *Les paroles s'envolent, les écrits restent*. Le deuxième sens est plus large, plus général. Parole sert à désigner tout énoncé porteur de signification. « La parole est le propre de l'homme » dira celui qui veut distinguer l'animal de l'homme, seul être vivant connu à mettre en œuvre un langage signifiant, que ce soit à l'oral, à l'écrit ou avec un langage « signé », celui des personnes sourdes.

Dans ces deux sens, le mot parole est une catégorie descriptive qui désigne une réalité humaine et sociale : les hommes, comme individus vivant en société, parlent, ils sont doués d'une parole. Cette catégorie est très utile pour désigner tous les phénomènes de « prise de parole », objet qu'étudient volontiers les sciences humaines, compte tenu de son importance comme phénomène social.

Cette catégorie sert à décrire tous les usages que nous avons de la langue et des moyens de communication, usages qui peuvent être à des fins de domination, d'exercice du pouvoir, de violence, de manipulation ou encore de négociation, de coopération, de partage. La parole se diffracte ainsi dans trois grandes formes, qui servent à exprimer, à convaincre, à informer, mais qui permettent aussi de mentir, de manipuler ou de désinformer.

Un troisième usage du mot parole se dégage progressivement des deux premiers. Il s'en distingue par le fait qu'il est une valorisation de certains aspects de la parole. Ce nouveau sens sert à désigner une parole pacifiée et pacifique, plus douce, plus authentique, qui s'appuie sur le respect de l'autre, qui implique une certaine symétrie dans la relation et qui suppose également une certaine pudeur. Une parole en quelque sorte plus juste, qui serait la parole d'un homme plus humain.

C'est dans ce sens que l'utilisent ceux que nous avons appelés les « militants de la parole ».

Cette parole plus juste s'organise autour de trois potentialités que nous allons décrire maintenant, dans les chapitres qui suivent. Nous y verrons que la parole, tour à tour, est une source essentielle d'épanouissement de la personne, qu'elle est une modalité essentielle de l'action coopérative, et qu'enfin elle constitue une alternative à la violence.

3

Un lieu d'épanouissement de la personne

Une étrange caractéristique de la parole humaine est d'être à double sens ou, pour être plus précis, d'avoir une double direction. Elle est à la fois tournée vers les autres, portée vers eux grâce aux moyens de communication et au langage, et à la fois tournée vers soi, dans le dialogue intérieur. La parole se présente ainsi sous l'angle d'une *double articulation*, avec l'intériorité et avec le monde extérieur. Elle surplombe notre être individuel aussi bien que notre être social.

Ainsi, en nous écartant du monde comme de nous-même, la parole ouvre un espace essentiel, celui qui va permettre l'épanouissement de la personne. La parole, « temple de l'être », pour reprendre la formule d'Heidegger, est une instance qui est entièrement et irréductiblement nôtre, en même temps qu'elle s'inscrit dans un léger, mais essentiel, déplacement par rapport à nous-même. Cette double direction implique une sorte de décentrement de la parole par rapport à celui qui la tient et aussi bien sûr celui qui la reçoit.

Le dialogue intérieur

Cette possibilité du dialogue intérieur est intimement liée à cette particularité de l'homme moderne, qui donne à sa parole cette couleur si singulière, d'avoir en lui-même un espace immense, séparé du monde extérieur et des autres, où s'origine une grande partie de ses perceptions et de ses actions sur le monde, l'intériorité, partie de l'être la plus privée.

Car cette distance au monde vaut bien sûr pour tout ce qui concerne la distance à soi. La parole s'est construit un lieu intérieur où elle peut résonner dans le privé de la personne, lieu à partir duquel la personnalité prend tout son appui pour son développement. Cette distance intérieure a certes toujours existé et l'homme parlant l'a éprouvée dans toutes les sociétés qu'il a habitées. La conscience de cet espace intérieur — son aménagement pourrait-on dire, son agrandissement, jusqu'à ces vastes « palais de mémoire » que nous évoquent les textes antiques, au moins jusqu'au XIIe siècle — s'appuie historiquement sur cette possibilité initiale. La parole doit résonner pour être. Cette construction d'un espace intérieur est aussi construction d'une protection, d'un enclos à l'intérieur duquel la parole peut s'éprouver comme singulière.

La parole est ainsi mise en œuvre d'une distance au monde, distance aux autres et distance par rapport à soi, que le sociologue Norbert Elias décrit comme l'« aptitude de l'homme à s'extraire de lui-même et à se considérer comme une existence à la deuxième ou troisième personne [1] ». De fait, cette distance produit les genres grammaticaux essentiels qui permettent de nous repérer dans le monde : le « je », qui renvoie à ce qui est irréductible à ma personne, le « nous », qui témoigne de la possibilité du collectif, le « tu », qui permet de désigner l'autre dans son individualité, le « vous », qui m'oppose au collectif, et enfin le très important « il(s) », qui rend compte d'une objectivation possible des autres. Cette grammaire sociale porte en elle la diffraction de la parole dans les trois formes qui permettent l'expression du je et du tu dans l'expressif, la possibilité du vous et du nous dans l'argumentatif, et les immenses

1. Norbert Elias, *La Société des individus*, Fayard, Paris, 1991, p. 249.

facultés ouvertes par l'objectivation dans l'informatif du « il(s) ».

Le lieu d'une différence

La parole est le lieu d'une distance, c'est-à-dire d'une différence par rapport au monde. Ce fait n'est jamais autant visible que dans l'exercice des genres de parole. Exprimer un sentiment, le mettre en parole, c'est déjà constater une différence entre l'univers ressenti et l'univers mis en parole. Dire « je t'aime », c'est plus qu'aimer, et la parole ici se superpose à l'émotion dans un complexe plus vaste. La différence, c'est aussi ce qui permet de différer, de ne pas faire tout de suite, de ne pas exprimer instantanément, mais de déployer l'émotion dans le temps de la parole, de la différer.

Défendre une opinion implique le décollement par rapport à une certitude, une croyance ou une vérité, car donner de bonnes raisons, c'est admettre qu'il y en a d'autres possibles, qui s'opposent éventuellement. La mise en œuvre de l'argumentation est le constat d'une différence de points de vue et ce constat est essentiel. La reconnaissance des différences donne à la parole un statut déjà plus pacifié que celui qui consiste à croire, ou à vouloir, que tout le monde pense comme moi ou, dans d'autres sociétés, comme tout le monde.

Et que dire de cette troisième forme, l'information, qui est toujours construction, modélisation, description ? Nous sommes condamnés de ce point vue à constater que nous ne sommes jamais pleinement dans le réel, que celui-ci nous échappe et que nous devons tailler notre parole comme un outil affûté, si nous voulons que celle-ci puisse être un miroir le moins déformant possible du monde. La parole est ainsi le lieu privilégié de l'ignorance, non pas comme absence de savoir, mais comme creux dynamique qui nous met en mouvement pour comprendre ce que nous ne savons pas. Parler le monde, c'est témoigner de son refus de l'ignorance, de cette tentative toujours renouvelée, quoique sans espoir quant à son aboutissement ultime, d'être un jour, par la connaissance, *entièrement* dans le monde.

Cette sensation de ne pas être tout à fait dans le monde, d'y être légèrement décalé, d'être étranger au monde est fréquemment ressentie sur le plan subjectif. De nombreux écrivains contemporains ont voulu rendre compte de ce sentiment précis. Cette curieuse impression est de la même famille que celle qui consiste à nous regarder dans le miroir et à ne pas nous y reconnaître totalement. Elle est aussi très proche de cet autre ressenti qui est le sentiment de n'être jamais dans le présent. Il y a là sans doute une autre différence essentielle avec l'animal qui, lui, vit perpétuellement dans le présent de ses instincts, soudés à ses émotions et à ses réactions.

La parole, matrice du temps ?

L'homme, quant à lui, vit à la fois dans le passé, par l'actualisation de ses souvenirs, et dans le futur, par l'anticipation de ses actions. Mais le présent lui est plus difficilement accessible. Ce fait subjectif propre à l'humain n'est jamais autant visible que dans l'exercice de la parole qui, loin d'être une communication globale et instantanée, se déroule toujours le long d'un flux temporel. La parole ne serait-elle pas la matrice subjective de la conscience du temps ? La rhétorique grecque, comme parole consciente d'elle-même et immédiatement à la recherche d'une efficacité croissante dans les affaires humaines, s'inaugure précisément dans ce constat, que la parole est un flux temporel qu'il faut maîtriser comme tel.

L'inventeur de la rhétorique, Corax, propose comme toute première technique de l'art de parler le découpage temporel ordonné du flux oral [2]. Cette opération de chirurgie de la parole conduira à l'instauration de normes stables de la prise de parole, qui devra désormais suivre l'ordre canonique de l'exorde (capter l'attention), de la présentation des faits, de l'énoncé des arguments et de la péroraison. Cette norme a traversé la longue durée des civilisations occidentales et elle est toujours en vigueur aujourd'hui. Elle témoigne d'une

2. Voir Philippe BRETON et Gilles GAUTHIER, *Histoire des théories de l'argumentation*, La Découverte, coll. « Repères », Paris, 2000.

conscience aiguë, plus ressentie dans certaines sociétés que dans d'autres, que notre parole doit en permanence gérer le temps, qu'elle est le temps lui-même.

La parole est donc à la fois ce qui supporte et qui crée cette distance au monde. Elle est l'instance qui nous permet de réduire cette distance, mais en même temps de la fonder. La parole nous éloigne et nous rapproche dans le même mouvement. C'est pourquoi elle ne peut pas se dispenser d'être communiquée. La communication est le principal allié de la parole dans le franchissement des distances, une fois que l'on a renoncé à cette illusion persistante, sous différentes formes, qu'est la croyance en la « transmission de pensée » ou, mieux, dans l'existence d'un lien permanent, organique, qui relierait les êtres entre eux de façon invisible.

Cette croyance voudrait nous débarrasser de la lourdeur que nous fait éprouver l'insurmontable distance entre les hommes. En même temps, l'obligation d'en passer par la communication met en permanence la parole dans un face-à-face conflictuel avec les instances de son transport qui, souvent, la trahissent et la dénaturent, presque nécessairement.

La conscience de cette distance fait naître d'autres illusions, moins innocentes dans leurs conséquences sociales, comme par exemple la nostalgie de la fusion. Certains rêvent parfois d'une société où toute distance entre les hommes serait abolie, où chacun parlerait d'une seule et même voix, une société fusionnelle qui engendrerait la fin du malheur. C'est dans cette brèche utopique que certains démagogues s'engouffrent en promettant monts et merveilles, pourvu que l'on parle d'une seule voix, la leur, et que toute voix dissonante soit exclue, voire éliminée.

On sait où nous ont conduit de telles illusions. C'est pourquoi la parole, consciente d'elle-même comme matrice, peut-être, de cette différence souhaitable, est un antidote possible à l'illusion d'un monde fusionnel — laquelle est sans doute un des principaux obstacles à l'épanouissement de la personne. C'est d'ailleurs en général à la libre expression de la parole que s'en prennent, toujours en premier lieu, les quelques démagogues qui, hélas, arrivent parfois au pouvoir. La ligne de partage est étroite entre ceux qui voudraient ne prendre de la parole que ce qui permet la manipulation des êtres et le retour de la violence, et ceux qui voient en elle le lieu d'une différence profitable à tous.

Une mobilisation globale de l'être

Ce que nous venons de définir ici, sous le nom de parole, qu'il s'agisse de parole intérieure ou de parole « adressée », n'est pas une activité exceptionnelle de l'homme. Le quotidien est fait de paroles, même si toutes n'ont pas la même intensité, la même force, et même s'il y a de grandes inégalités entre les hommes de ce point de vue, certains semblant condamnés à échouer systématiquement à les mettre en œuvre de façon satisfaisante. Les difficultés à prendre la parole en public témoignent *a contrario* de l'importance de la parole. Quand celle-ci vient à manquer, le monde n'est plus pareil et nous n'en faisons plus entièrement partie. La parole est bien notre principale modalité d'« être au monde ».

C'est que, loin d'être un simple outil fonctionnel, la parole est une modalité de l'existence humaine qui implique une mobilisation globale de l'être. L'élan d'une parole prise et tenue suppose une coordination et une mise en œuvre d'à peu près tout ce que chacun d'entre nous compte d'essentiel : la mémoire aussi bien que l'écoute, le geste aussi bien que le raisonnement, les affects aussi bien que les ressources du langage et de la communication. La parole est le point d'aboutissement, d'intégration pourrait-on dire, de toutes ces qualités, qu'elle surplombe.

La parole, au sens où nous l'entendons ici, est un acte global. Une preuve curieuse de cette totalité et de cet engagement est ce que l'on appelle communément le stress. Celui-ci est très souvent associé à la prise de parole, au point où l'on peut se demander si on l'éprouve autant dans d'autres situations (la prise de parole intérieure n'est-elle pas également une grande source de stress « silencieux » ?).

Le stress, phénomène largement mystérieux, est, d'après les spécialistes, le ressenti subjectif — souvent désagréable — de la mobilisation interne intense de toutes les compétences nécessaires pour affronter une situation de parole (et d'autres situations également). Le stress — ou plutôt ce dont il est la manifestation — est donc nécessaire et plutôt bon signe, à condition qu'il ne submerge pas celui qui le ressent.

La prise de parole est donc un engagement global de la personne. On peut approcher cette réalité complexe de deux manières, d'abord en soulignant que l'exercice de la parole est un geste, qui implique indissociablement le corps et l'esprit, ensuite en mettant en évidence le rôle de l'engagement de la personne dans la parole.

Un geste vivant

La parole est un geste réalisé avec le corps tout entier. En se déployant, elle épanouit l'ensemble de la personne. Cette réalité fondamentale nous est en partie invisible et, pour le reste, nous nous y sommes habitués. Souligner que la parole est un geste, c'est mettre en avant son incarnation. La parole orale est un geste qui mobilise l'ensemble d'une machinerie complexe et vitale. Le souffle est produit par les poumons dans un geste intérieur d'expiration, il chemine à travers le pharynx, prend une forme sonore dans les cordes vocales, résonne dans le palais et dans la bouche, puis emplit l'espace physique jusqu'à ce qu'il frappe l'oreille de l'interlocuteur. Le souffle aura au passage mobilisé les ressources du cerveau qui a donné au son sa faculté de devenir un signe.

De nombreuses cultures associent le souffle à la vie et ainsi la vie à la parole. Lorsque, dans l'Ancien Testament, et plus précisément dans la Genèse, Dieu donne la parole à la masse de glaise qu'il a sculptée à son image, cela passe par le souffle. Le Verbe est d'abord un souffle et, lorsque le souffle quitte le corps, c'est la vie qui s'en va avec.

Ce qui est vrai pour la parole orale l'est, d'une autre manière qui n'est pas moins intense, pour la parole gestuelle, celle par exemple de la langue des signes que les sourds utilisent. Il y a là mobilisation simultanée du geste dans toutes ses dimensions (position de la main, des doigts, des bras dans l'espace, par rapport au corps, expressions du visage, postures diverses de l'ensemble du corps), mais aussi du regard, qui se porte sur les gestes de l'interlocuteur, dans un mouvement parallèle à celui de l'écoute orale. Les gestes de notre parole sont indissociables d'une interrogation permanente sur la manière dont ce que nous disons est reçu.

Que le discours oral et la langue des signes s'appuient pour l'essentiel sur des gestes est évident et n'appelle pas de longs commentaires. Plus surprenant peut-être est le constat que nous pouvons faire du caractère éminemment gestuel de la lecture et de l'écriture. Le passage de l'écriture manuelle, dans un geste où nous formons nous-mêmes des lettres sur le papier, à l'écriture mécanique du clavier informatique ne change rien à l'affaire : il faut faire des gestes pour écrire. Ces gestes sont concrets (le mouvement des mains et des doigts), mais aussi abstraits au sens où écrire n'est finalement que transposer, grâce à un système de convention, une parole intérieure qui précède le geste concret. La formulation de cette parole intérieure est à son tour un geste mental, une prononciation intériorisée qui est une mise en mouvement corporelle.

La lecture n'échappe pas à cet espace du geste global. Lire implique le mouvement des yeux, le déchiffrement phonétique du texte, une prononciation intérieure qui met là aussi tout en mouvement. On le sait, la lecture — qui avait c'est vrai un autre statut social — s'est longtemps faite (jusqu'à la Renaissance ?) uniquement à voix haute. Il fallait que le lecteur entende ce qu'il lisait pour pouvoir l'intérioriser dans un geste complexe qui associait le souffle, l'écoute, mais aussi, souvent, le corps à la lecture.

Dans son étude du livre *L'Art de lire* écrit au XIIe siècle par Hugues de Saint-Victor, Ivan Illich rappelle l'importance dans beaucoup de cultures — et notamment à partir du nouveau rapport au texte initié par le judaïsme — de l'incorporation du texte écrit. Parlant des élèves dans les écoles religieuses juives ou musulmanes, Illich souligne que, « de manière rituelle, ces élèves affectent tout leur corps à l'incantation des versets » et que « les mouvements du corps évoquent ceux des organes de la parole qui leur ont été associés [3] ». Il fait ainsi référence aux

---

3. Ivan ILLICH, *Du lisible au visible. Sur* L'Art de lire *de Hugues de Saint-Victor*, Cerf, Paris, 1991, p. 74

travaux de Marcel Jousse, qui a exploré systématiquement les rapports existant universellement entre la parole et le geste[4].

La modernité, ayant réprimé l'expression corporelle sous beaucoup de ses formes, nous oblige à voir comme une curiosité quasi ethnographique les pratiques religieuses qui ont maintenu (et pas seulement dans l'islam ou le judaïsme, mais également dans beaucoup de religions asiatiques) un étroit et très visible rapport entre la parole et le geste (comme par exemple ce mouvement de balancement du corps et de la tête des Juifs pieux au mur des Lamentations, scène devenue lieu commun médiatique). La part du corps, aujourd'hui plus intériorisée qu'elle n'a été, n'en reste pas moins essentielle au mouvement de la parole et elle témoigne que celle-ci est profondément *incarnée*.

L'image n'en est pas moins, elle aussi, un geste. Dans sa version la plus concrète, elle est un geste qui laisse une trace, trace d'un geste qui n'est plus là mais dont le cheminement a été extériorisé dans la pierre ou sur la toile. L'élégance du trait, du dessin, de l'empreinte, ou encore de la sculpture de la matière est d'abord celle d'un geste qui n'est plus visible comme tel mais dont le mouvement est au principe même de l'image obtenue. L'image filmée, mise en scène ou documentaire, n'échappe pas à cette règle. Le cadrage, modalité si importante de la construction de l'image, est bien un geste qui découpe dans l'espace ce que l'on choisira de montrer. Tout geste est un choix, une découpe, et l'image porte bien, à travers le geste, la parole qui l'origine.

Le lien indissociable entre le corps et la parole

Regarder la parole comme un geste a deux conséquences importantes du point de vue qui nous occupe ici. La première est que cela nous permet d'appréhender la parole dans sa dimension première, concrète. La parole n'est pas pur esprit, pure virtualité. Elle n'a pas de fonctionnement autonome loin de l'individu qui la prononce. On ne peut pas la détacher si facilement de celui qui la tient. La parole est soudée à

4. Marcel Jousse, *Anthropologie du geste*, Gallimard, Paris, 1974.

l'homme. Toute approche réaliste de la parole rompt le présupposé dualiste devenu spontané dans notre culture (depuis Descartes) et qui distingue artificiellement entre le corps et l'esprit. Dans ce cadre dualiste, nous serions tentés de voir la parole comme pur produit de l'esprit, loin du corps qui ne serait qu'un véhicule biologique, dont le progrès nous débarrasserait bientôt, au profit d'autres matériaux plus fiables.

Ce n'est pas tout à fait un hasard si nos machines informatiques les plus sophistiquées butent précisément sur ce point longtemps jugé mineur par les ingénieurs et plus essentiel qu'il n'y paraît : la parole des machines. On le sait, les machines communiquent très bien, mais elles n'ont pas de parole — sauf dans les films de science-fiction, dont le prototype restera pour longtemps *2001 l'Odyssée de l'espace*, de Stanley Kubrick. Si les machines n'ont pas de parole, c'est sans doute qu'elles n'ont rien à dire, et c'est aussi qu'elles n'ont pas de corps. La parole ne flotte pas dans l'espace virtuel, elle est soudée à un corps vivant, à une personne donnée qui, elle, a bien des choses à se dire et à dire. Toute recherche qui prend la parole pour objet implique, à sa manière, une épistémologie antidualiste.

La seconde conséquence d'une approche de la parole comme geste est de nous donner un meilleur cadre de compréhension de l'évolution de la parole vers un statut plus pacifié. Le geste n'a pas que des vertus, il est porteur lui aussi de toute la violence dont l'homme est capable. *Intervenir sur le geste, dans le sens d'un meilleur contrôle, c'est aussi intervenir, presque directement, sur la parole*. Une des voies de l'évolution interne de la parole passe donc, nous y reviendrons, par l'instauration d'un autre rapport au corps. L'autocontrôle des pulsions corporelles qui s'est mis progressivement en place dans les sociétés occidentales modernes est donc un support privilégié d'un nouveau rapport à la parole. C'est dans ce sens que le processus de pacification des mœurs décrit par Norbert Elias et qui concerne les attitudes et conduites corporelles, est en lien direct avec le nouveau destin de la parole dans les sociétés modernes et avec l'émergence de l'idéal d'une parole juste.

Un engagement fort

Un autre indice de l'implication intense et globale de la personne dans la prise de parole est l'engagement à tous les niveaux que celle-ci présuppose. Chacun d'entre nous est engagé dans ce qu'il dit. Notre parole « parle pour nous ». Toutes les paroles tenues n'engagent bien sûr pas de la même façon et il faut tenir compte ici du niveau d'intensité d'une parole. Une parole forte engage la personne qui la tient mais, paradoxalement, plus une parole est forte, c'est-à-dire comporte d'implications pour l'interlocuteur, plus celui-ci aura tendance, la plupart du temps, à oublier celui qui l'a tenue pour se concentrer sur l'effet ressenti. L'auteur d'une parole forte tend à disparaître derrière elle.

Il n'empêche que prendre la parole, du point de vue de celui qui parle, mobilise toute la géographic personnelle de l'implication et de l'engagement. Toute la panoplie est là, qui accompagne la parole, jusqu'à la plus petite d'entre elle : le désir, le plaisir, la peur, le stress. Il n'y a pas de parole sans désir, sans une tension vers l'autre et, dans le dialogue intérieur, vers soi-même. Le désir est l'énergie de la parole et celle-ci s'atténue avec celle-là. Qu'est-ce que la solitude, sinon le produit d'une absence de désir ? Qu'est-ce que la dépression, cette « panne de projet », sinon une suspension du désir ? On ne parle pas parce qu'on est solitaire, on est solitaire parce qu'on ne parle pas. La « fatigue d'être soi », que nous décrit Alain Ehrenberg[5] comme un mal contemporain lié à l'angoisse de la performance, est aussi une fatigue de la parole.

Le plaisir lié à la parole peut certes être trouble. N'y a-t-il pas une jouissance à tenir une parole dominatrice, mais aussi, dans l'autre sens, un plaisir à tenir une parole pacifiée ? Il faudra s'interroger plus avant sur le fait que le plaisir, dans nos sociétés, semble encore plus associé à l'exercice de la domination qu'à celui, peut-être, d'une parole juste. C'est que celle-ci est souvent un renoncement et que les représentations que nous avons du plaisir et qui en conditionnent en partie le ressenti l'associent plus à un déploiement sans retenue, à une sorte

5. Alain Ehrenberg, *La Fatigue d'être soi*, Odile Jacob/Poches, Paris, 1998.

d'abondance quantitative qu'à une restriction. C'est aussi que nous voyons mal les bénéfices de la restriction, qui libère des possibilités inédites.

La prise de parole, notamment la prise de parole en public, est en soi source de plaisir, pour ceux qui sont à l'aise dans l'exercice, mais aussi, et plus souvent sans doute, une source d'angoisse, de stress non souhaité. Nous avons là un des symptômes les plus évidents du caractère globalement mobilisant et engageant de la parole. Si nous avons peur de parler en public, c'est que notre parole nous révèle, nous met à nu. Cette métaphore de la mise à nu revient très fréquemment dans le propos de ceux pour qui la parole en public recouvre un problème majeur, parfois insurmontable.

Jerilyn Ross, présidente de l'association américaine des troubles anxieux, témoigne ainsi de cette difficulté : « Imaginez qu'en rentrant dans cette salle, vous vous apercevez soudain que vous êtes tout nu... Imaginez bien tout ce que vous ressentiriez alors... Sans doute de la gêne, de la honte. Que feriez-vous ? Chercheriez-vous à fuir, à vous dérober aux regards des gens ? Et si, peu après, vous deviez rencontrer à nouveau les personnes vous ayant vu ainsi, dans quelles dispositions seriez-vous ? Tout cela c'est ce que vivent, avec plus ou moins d'intensité, il est vrai, les anxieux et les phobiques sociaux, mais dans des situations d'une banalité extrême, comme prendre la parole devant un groupe d'amis, où aller acheter une baguette[6]. »

La parole est ici doublement associée au corps — mis à nu — et à l'engagement. Nous sommes là dans une caractéristique essentielle de la parole, déjà soulignée par Gusdorf, lorsqu'il nous dit que la « parole donnée manifeste la capacité humaine de s'affirmer soi-même en dépit de toutes les contraintes matérielles. Elle est le dévoilement de l'être dans sa nudité essentielle, la transcription de la valeur dans l'existence[7] ».

6. Intervention au congrès mondial de psychiatrie, Rio de Janeiro, juin 1993, cité par Christophe ANDRÉ et Patrick LÉGERON, *La Peur des autres. Trac, timidité et phobie sociale*, Odile Jacob, Paris, 2000, p. 281.

7. Georges GUSDORF, *La Parole*, *op. cit.*, p. 118.

Toute la personne est contenue dans sa parole et toute la parole est visible. C'est donc tout l'être qui est rendu transparent. La parole constitue un tunnel entre les personnes qui donne accès à l'être de chacun. Dans la prise de parole en public, l'autre n'est pas toujours vécu comme un partenaire attentif et indulgent, mais à peu près systématiquement comme un juge, qui va évaluer et éventuellement punir une mauvaise performance, laquelle ne serait ainsi que la façade d'une parole mal fondée, donc d'un être peu assuré.

La peur de prendre la parole

Situation sociale par excellence, la prise de parole révèle toute la violence potentielle du rapport à l'autre, fantasmé ou réel. L'engagement dans la prise de parole a son corollaire dans le dialogue intérieur. Est-on mieux assuré de sa parole quand on se l'adresse à soi-même ? L'engagement dans la parole est aussi engagement dans l'écoute. « Parler et écouter, dit Levinas, ne font qu'un, ils ne se succèdent pas[8]. » Comment parler aux autres si on ne les écoute pas ? La diminution de la qualité de l'écoute conduit vers la rupture de l'échange de parole ou bien vers une violence de la parole, qui administre, domine, mais n'écoute pas.

Encore que ce dernier point pourrait être nuancé, car, même violente, même dominatrice, la parole ne peut pas se dispenser de l'écoute qui vérifie la bonne réception de ce qui est dit. Même l'ordre aboyé a besoin d'être écouté. C'est ainsi que cette caractéristique, en quelque sorte naturelle, de la parole de devoir être écoutée, quel que soit son contenu, contient en germe le développement d'une des principales vertus de la parole juste, l'écoute, l'écoute attentive, respectueuse, qui précède et qui fonde la parole. En somme, l'activation d'une symétrie fondamentale. L'engagement dans la parole libère les propriétés de l'écoute, qui est la matrice du respect de l'autre.

L'une des raisons pour lesquelles certains ont du mal à prendre la parole en public est le fait qu'ils négligent — pour

8. Emmanuel Levinas, *Difficile Liberté*, *op. cit.*, p. 20.

des raisons diverses — d'anticiper les réactions du public et de se mettre à son écoute. Celui-ci apparaît donc comme opaque, globalement invisible, potentiellement menaçant. De plus, les publics n'aiment guère les orateurs qui ne tiennent pas compte d'eux, même si c'est pour des raisons évidentes de stress et de panique.

La situation où l'on n'écoute pas l'autre, lorsqu'on est soumis à son jugement, est une des plus terriblement paradoxales qui soient, et aussi l'une des plus facilement vouées à l'échec. Ce n'est pas tout à fait un hasard, comme l'avait déjà remarqué avec beaucoup de finesse Roland Barthes, si l'un des premiers manuels qui décrivent l'art de convaincre dans les situations de prise de parole en public, la *Rhétorique* d'Aristote, est très largement consacré à l'analyse des auditoires et de leurs réactions potentielles.

L'engagement dans la parole est si global que la difficulté qu'une personne peut éprouver dans son rapport à la parole a des répercussions probables jusque dans la lecture. Pourquoi éprouve-t-on aujourd'hui de si grandes difficultés à faire lire, jusqu'au cœur de nos institutions d'enseignement ? Peu d'étudiants, à l'université, lisent vraiment des livres. C'est peut-être qu'on ne leur apprend pas à prendre la parole, donc à écouter, et par conséquent à lire.

Le plaisir de la lecture est intimement lié à la capacité de recevoir la parole de l'autre, qui est transportée jusqu'à nous *via* le texte alphabétique (l'écriture idéographique pose d'autres problèmes). L'acte de lire reste fondamentalement une posture d'écoute et relève d'un rapport plus global à la parole. Le statut de la lecture dans une société et l'accession individuelle de ses membres à cette pratique sont sans doute un bon indicateur à la fois du statut de la parole et de l'ouverture à une parole juste, constituée donc par l'écoute, qui est ici écoute du texte.

La parole, qu'elle soit violente, brutale ou pacifique, appelle donc un engagement total. L'une des vertus de cette particularité est de faire de la parole, même lorsqu'elle est collective, lieu commun ou encore soumise à l'instinct, une donnée individuelle : « Le phénomène total de la parole, dit Gusdorf, est un phénomène personnel[9]. »

Mais encore faut-il qu'il puisse se déployer comme tel. L'implication, l'engagement, la mobilisation globale de l'être, indissociablement du corps et de l'esprit, dans une unité retrouvée devront attendre, comme nous le verrons au chapitre 7, que se forment des conditions sociales spécifiques, liées au développement de ce que Norbert Elias appelle la « société des individus », apparue progressivement en Occident. La parole et la personne formeront dès lors un couple inséparable. La parole pourra alors permettre de pousser la personne hors de ses limites, de la tirer vers le haut, comme au plus profond d'elle-même, de la faire grandir et de constituer ainsi le principal facteur de l'épanouissement personnel.

9. Georges GUSDORF, *La Parole*, *op. cit.*, p. 115.

4

Un opérateur de l'action

Nous venons de voir que la parole, si l'on veut bien regarder ce terme d'un peu plus près, est cette étonnante capacité humaine de produire des énoncés signifiants, chargés de sens pour soi et pour les autres, et, en même temps, de mettre en œuvre cette capacité à travers des langues et des moyens de communication variés. Dans ce sens, la parole, la prise de parole est d'emblée une *action* et c'est peut-être sous cet angle-là qu'il est le plus profitable de l'observer. « Chaque mot, dit Novarina, n'importe quel mot, le plus petit des mots, n'importe lequel, est le levier de tout [1]. »

Tout ce que nous disons, exprimons avec des mots ou des gestes signifiants est-il une parole ? Tout dépend bien sûr de la définition plus ou moins extensive que l'on donne à ce terme. On peut le réserver pour désigner toute action verbale ou gestuelle forte, qui appelle ou provoque un véritable changement. C'est ce que nous faisons lorsque nous disons « ça c'est une parole ! » pour caractériser une situation où quelqu'un vient de tenir un propos fort, chargé de sens, qui a surpris, provoqué l'émotion ou entraîné l'adhésion.

1. Valère Novarina, *Devant la parole*, *op. cit.*, p. 28.

Dans ce cas de figure, qui réserve à la parole une force qui n'est pas après tout son lot quotidien, tout ce que nous disons n'est pas une parole. Cette manière de voir est tentante, tant il y a de bavardages inutiles, de propos sans objet, de remplissage communicationnel. Mais peut-être faut-il garder un peu d'optimisme et tempérer cette définition un peu radicale, qui restreint considérablement le sens et l'emploi du mot. Tout ce que nous disons n'est-il pas, à sa manière, important, même s'il faut y distinguer des degrés ? Tout ce que nous disons n'est-il pas une parole, toujours chargée, fondamentalement, d'humanité, surtout quand celle-ci arrive à se départir de toute violence ?

Une intensité variable

La parole, comme action sur soi et sur les autres, ne peut-elle pas être regardée comme dotée d'une intensité variable ? Tout ce que nous disons n'est certes pas une « parabole », porteuse d'un changement profond, mais, à sa manière, toute parole tenue est porteuse de changement, si minime soit-il. Prendre la parole, c'est constater, et activer, une différence entre les personnes, une différence de point de vue, de lieu d'où l'on regarde le monde. Je ne suis pas toi, je ne ressens pas les choses comme toi. Ma prise de parole, pour exprimer ce ressenti, va donc t'apporter une nouveauté, un changement. Certaines paroles, neutres, ne parlent que de ce que nous avons en commun. C'est souvent déjà beaucoup. On ne prend pas la parole quand on dit simplement ce qui est déjà su par l'autre. Certaines paroles sont neutres ou banales et ne changent pas grand-chose, d'autres paroles sont plus « fortes » et peuvent provoquer des réactions plus ou moins importantes.

On voit ainsi que nous sommes dans une continuité, avec des niveaux d'énergie différents. Tout est une question d'intensité dans le changement provoqué. Il y a des paroles qui transforment toute une existence, d'autres que l'on oublie rapidement et, entre les deux, d'innombrables paroles de plus ou moins forte intensité, qui jalonnent notre vie. Ainsi, pour citer un cas limite, tant l'intensité de cette parole est maximale, un ami me raconta ce qu'il lui était arrivé, enfant, lors de l'écoute de la version sonore du livre de Victor Hugo, *Les Misérables*. Le disque lui avait été offert en cadeau et c'était là un loisir comme un autre. Or, au tout début du livre sonore, prend place la fameuse scène où l'évêque de Digne s'adresse à Jean Valjean qui venait de le voler et de trahir sa confiance. Victor Hugo a mis dans la bouche de l'évêque une parole forte.

Une parole bouleversante

On se souvient que Jean Valjean avait volé celui qui l'avait accueilli pour une nuit et, rattrapé par les gendarmes, avait été ramené devant sa victime. Tout était normalement dit et écrit dans cette situation : l'évêque devait se plaindre et laisser les gendarmes faire leur travail. N'avait-il pas vu sa confiance trahie ? Or l'évêque avait justement tenu une autre parole, inattendue, qui innocentait le voleur, et lui avait en plus confié le dernier bien qu'il possédait, des couverts en argent, *dans un échange symétrique d'un comportement plus civilisé.*

Et Jean Valjean s'intéresse moins à l'évêque de Digne, qui vient de lui proposer le rachat de son âme dans un étrange et surprenant pacte antifaustien, qu'à l'effet que cette parole a pour lui : on lui parle comme à un homme, on lui dit qu'il est capable de sortir de l'ornière. Une parole forte implique indissociablement, dans une coproduction intense, celui qui la tient et celui qui la reçoit. Cette parole devait transformer la vie entière de Jean Valjean, qu'il occupa désormais à payer sa dette et à aider ceux qui avaient été, comme lui, dans la difficulté.

Avec cette faculté qu'a déjà l'enfant de se projeter en imagination au cœur d'une situation et d'un dialogue, et peut-être confronté à une identification précoce avec ce voleur de Jean Valjean, cet ami se sentit destinataire de la très forte (pour lui) parole du curé. Cette parole devait ainsi déposer en lui le germe d'une transformation assez radicale. L'ami m'avouait en effet avoir entrevu à cette occasion ce qu'était le « sens moral » dans un contexte familial qui ne l'y prédisposait pas particulièrement. Voilà donc bien une parole forte qui change, sur le long terme, celui qui l'entend, qui constitue pour lui un fil rouge pour toute une vie.

On remarquera au passage, dans cet exemple particulièrement saisissant, qu'une seule parole peut bouleverser toute une vie, mais aussi que son effet n'est pas universel. Combien de personnes ont lu ce passage de Victor Hugo sans y voir autre chose qu'une aimable fiction, dont beaucoup ne se souviennent guère (encore que le texte d'Hugo ait souvent des vertus notables de ce point de vue). Ce n'est pas la parole qui est forte en soi, c'est le couple qu'elle forme avec celui qui la reçoit. Ou plutôt, pour le dire autrement, la parole, comme action, est une *coproduction.*

La première perception que Jean Valjean eut de cette parole qui devait changer sa vie, dans la fiction, et celle de mon ami, dans la réalité, fut la surprise. Plus une parole est forte, plus elle est inattendue, ce qui fait aussi que nous ne l'entendons pas toujours. La parole rompt avec l'automaticité de la réaction. Elle implique un certain coefficient d'imprévisibilité, à quoi d'ailleurs on la reconnaît souvent. L'appel au changement, donc à une situation nouvelle, forme un couple solidement uni avec la surprise.

« Il fait un peu chaud aujourd'hui »

Toutes les paroles n'ont pas l'intensité de celle qui lie l'évêque de Digne à celui qui reçoit son propos le plus au fond de lui-même. Ainsi, lorsque je dis à mon voisin, rencontré en sortant de chez moi, qu'« il fait un peu chaud aujourd'hui », il y a de fortes chances qu'il m'approuve, même s'il relativise en me répondant que, malgré tout, « il fait moins chaud qu'hier ». Voilà bien un propos à peu près sans risque, sans engagement, sauf quand même celui de m'adresser à mon voisin et d'entretenir ainsi une relation minimale.

Un tel propos a un fort coefficient de neutralité. Est-ce encore une « parole » ? Gardons-nous de minorer de tels échanges, même s'ils sont à peine une parole, du fait que leur potentiel de changement, de transformation est extrêmement faible. C'est aussi qu'il n'y a pas grand-chose à changer ici. Il y a plutôt à entretenir, à garder à niveau une relation qui n'évolue guère dans le temps, car je ne cherche pas plus de relation avec mon voisin.

La situation est différente si, le voyant avec une nouvelle veste, dont l'audace est un peu inhabituelle sans être pour autant excentrique, et qui lui va particulièrement bien, je lui fais ce qu'on appelle un « compliment ». Dans ce cas, ma parole aura quitté le terrain de la neutralité et gagné en intensité. Elle peut provoquer un changement complexe dont l'effet principal sera probablement de confirmer mon voisin dans son bon choix, de lui faire voir dans les yeux d'un autre (dans les mots d'un autre serait plus juste) qu'il sait choisir ses vêtements et qu'il est une personne de goût sans être conformiste.

On voit donc, à travers ces premiers exemples, que l'on peut répartir en quelque sorte les paroles sur une échelle d'intensité croissante, qui va de la parole neutre à la parole la plus forte, en passant par toute la gamme des situations possible. Vue sous cet angle, on voit que la parole est partout, dans toutes nos activités, qu'il s'agisse de la vie privée ou de la vie professionnelle, de la vie familiale ou de la vie « publique », associative par exemple. On n'en finirait pas de faire l'inventaire des multiples situations sociales qui sont des occasions de prise de parole. La prise de parole pourrait même bien être au cœur de ces activités.

Un acte intentionnel ?

Porteuse d'une intention ou au moins d'une potentialité de changement, la parole se présente comme un acte. Dans ce sens, la parole est d'emblée « prise de parole ». L'essence de la parole, comme le dit Merleau-Ponty, doit être recherchée « dans la parole parlante [2] ». Elle s'éloigne de la passivité du bavardage ou de la palabre sans but, de ce que l'on pourrait appeler son « point de neutralité ». De fait, la réalité humaine que nous cherchons à mieux comprendre ici, avec l'intuition qu'elle est porteuse d'un progrès pour l'homme, est bien celle

2. Georges Gusdorf, *La Parole*, *op. cit.*, p. 116.

de la prise de parole, de cette énergie communiquée au langage afin qu'il porte une intention particulière.

La parole est donc une intention. Mais qu'est-ce qu'une intention ? On identifie habituellement l'intention avec un acte volontaire, conscient, délibéré. La psychanalyse nous a appris à nous défier d'avoir de trop grandes certitudes dans ce domaine. Il y a bien des paroles qui nous échappent et qui ne sont pas sans conséquence pour soi-même ou pour autrui. Il y a certes des situations où l'on fait le choix en toute connaissance de cause d'intervenir sur une situation avec comme objectif de la changer. Il faut pourtant laisser une place à la parole qui va changer, qui va déployer tout son potentiel de transformation, mais qui n'a pas été formulée à l'intérieur d'un cadre délibéré, d'une « intention ».

Une parole peut changer, sans le vouloir, sans l'avoir voulu. Chacun a fait l'expérience de quelqu'un qui nous a dit en substance : « Il y a quelques années, tu m'as dit cela, cela m'a profondément remué, je sais que tu ne t'en es pas rendu compte sur le moment. » Et de fait, nous ne nous en souvenons plus, car à l'époque, sans être un propos anodin, la parole que nous avions tenue à notre interlocuteur était dégagée de toute intention de le « remuer ». Et pourtant, elle a contribué à changer un peu de sa vie.

L'intention est donc une catégorie difficile à manier. Qui peut dire qu'il a produit un effet « sans le vouloir » ? L'intention dans la parole se couple ici avec l'effet qu'elle produit. On peut avoir l'intention de produire tel effet, dans une prise de parole, et ne pas y parvenir. L'inverse est tout aussi possible, où une intention non consciente peut produire un effet certain.

Nous nous attacherons malgré tout ici à toutes les situations qui mettent en scène plutôt une intention de changement, c'est-à-dire à une parole consciente d'elle-même. Le progrès de la parole n'est-il pas d'ailleurs dans la prise de conscience d'elle-même et de ses effets ? L'évolution de la parole ne la conduit-elle pas vers une plus grande intentionnalité ? Dans cette interrogation, qui recouvre un espoir, réside un des enjeux majeurs de toute réflexion sur la parole.

La parole est-elle le seul moyen d'agir sur les autres ? La parole ne peut-elle être action que sur les hommes, ne permet-elle pas aussi d'agir sur l'environnement ? Ces deux questions impliquent de sortir du cadre de la parole et de s'interroger, pour mieux situer son action spécifique, sur les autres modalités de changement qui sont à notre disposition et que nous utilisons couramment.

Prise de parole et défection

Pourquoi agissons-nous ? Pourquoi l'homme, seul sans doute parmi les autres êtres vivants, ne se contente-t-il pas du monde dans lequel il vit, se nourrit, se reproduit ? Pourquoi l'homme est-il, comme disait Jean-Paul Sartre, « condamné à chaque instant à inventer l'homme [3] » ? Cette question n'a pas de réponse simple et immédiate, mais nous pouvons être au moins sûr que, justement, l'homme tient aussi sa singularité de cette mise en mouvement permanente, de cette tension vers le changement.

Il est animé d'une véritable compulsion à changer son environnement, pas toujours pour l'améliorer, à changer les autres, pas toujours pour leur bien, à transformer les sociétés dans lesquelles il vit, pas toujours dans le bon sens. Dans cet esprit, l'homme pourrait être défini comme « celui qui ne se satisfait pas ». Notre rapport au changement fait de nous une espèce unique dans le monde animal et dans le monde vivant : nous avons pris en main, consciemment, une partie du changement qui nous concerne. Ce changement concerne aussi bien l'environnement que les sociétés humaines elles-mêmes.

La parole est un des outils de ce changement. Mais ce n'est pas le seul. Le politologue et économiste américain Albert O. Hirschman prend comme point de départ les différentes options qu'ont les clients devant les biens de consommation. À partir de là, il nous propose une réflexion bien plus générale sur ces deux attitudes possibles devant le changement souhaité que sont la prise de parole, d'une part, et la défection d'autre part. N'étant pas satisfaits d'un produit, les clients ont en effet

3. Jean-Paul Sartre, *L'Existentialisme est-il un humanisme ?* Nagel, Paris, 1963, p. 38.

deux voies de recours, soit la défection, en l'occurrence cesser d'acheter le produit, soit la prise de parole, qui consiste à s'adresser à l'entreprise afin de faire entendre leur mécontentement.

Hirschman va construire à partir de là un modèle d'analyse, qui dépasse largement le cas de la consommation de biens économiques, pour s'étendre aussi bien « à des organisations, associations volontaires, syndicats, partis politiques, qui fournissent des services à leurs membres sans contrepartie monétaire directe [4] » et dont les « performances » se dégradent. Cette notion de défection est très précieuse pour qui veut comprendre le fonctionnement de la prise de parole comme une action visant le changement.

Défection et prise de parole, comme deux alternatives devant le changement, doivent être rapportées au contexte dans lequel ce changement prend place. Hirschman va ainsi distinguer quatre grands types de situations qui combinent ces deux paramètres (possibilité à la fois de la prise de parole et de la défection, prise de parole sans défection possible, etc.). Le contexte global est toujours le même : une situation se dégrade, ou bien on cherche à l'améliorer, comment s'y prendre, quelle est la place de la prise de parole ?

La première situation est celle par exemple des associations et des partis politiques en régime pluraliste, où chaque membre peut jouer, pour obtenir un changement dans la politique de son organisation, soit sur la prise de parole, soit sur la menace de la défection. Ces possibilités sont bien connues dans ces organisations où la menace du départ ou de la scission est un outil complémentaire de la prise de parole qui agit de l'intérieur. Une organisation qui se place dans ce type de situation se reconnaît précisément à ce qu'elle aménage, dans ses statuts et ses contrats d'adhésion, ces deux voies de recours. On peut quitter quand on veut une association, et toute organisation de ce type doit aménager des cadres à l'intérieur desquels chacun peut y prendre la parole.

La deuxième situation est celle du client de l'entreprise qui n'a guère la possibilité de prendre la parole pour dire son

---

4. Albert O. Hirschman, *Défection et prise de parole*, Fayard, Paris, 1995, p. 15.

mécontentement ou son souhait d'un changement dans le produit, sinon communiquer avec un lointain service consommateurs ou « écrire au directeur », menace dont on sait la faible portée dans bien des cas. Dans ce cas, la seule action possible est bien la défection, le changement de produit et d'entreprise, en espérant que d'autres feront de même, jusqu'à ce que l'entreprise change son produit ou ses tarifs. Cette situation implique bien sûr que le marché soit libre et qu'il y ait concurrence pour les mêmes produits.

La troisième situation est celle de la personne qui est organiquement liée à une famille, à une tribu, à une communauté, ou encore à un parti unique en régime totalitaire. Toutes ces situations ont en commun de ne pas autoriser de défection. En revanche, elles autorisent, dans une certaine mesure, la prise de parole, qui fonctionne souvent comme soupape de sécurité (quand ce n'est pas le statut de la parole elle-même, comme instance de changement, qui est minoré). Il y a bien sûr une gradation dans le cas des régimes à parti unique où dans certains cas la prise de parole, même limitée, n'en est pas moins possible.

Il reste enfin une quatrième situation qu'explore ce modèle, celle où il n'y a aucune défection ni prise de parole possible. La personne prise dans cette situation ne peut donc agir dans aucun de ces deux cadres. Cette situation recouvre l'appartenance, volontaire ou non, à des bandes criminelles, à des groupes de terroristes, à des organisations totalitaires où l'adhésion est obligatoire et où la discussion n'est pas tolérée (du moins celle concernant les objectifs et les finalités).

Ce quatrième cas relève en fait du cadre de la violence pure, de toutes les situations où il n'y a ni sortie, ni parole possible. On peut aussi être impliqué contre son gré dans un cadre de ce type. L'agression physique relève typiquement de l'absence de choix possible pour changer une situation jugée non souhaitable (et pour cause !). On ne peut pas partir, dire « Excusez-moi, j'ai autre chose à faire », et prendre la parole n'est pas vraiment prévu au programme. La seule réponse reste la violence physique en retour, en essayant d'être le plus fort, ou bien de tenter de créer un cadre où la parole retrouve un statut, bref, essayer malgré tout de discuter. Ce n'est pas toujours impossible.

La défection comme valeur ?

En somme, pour changer une situation insatisfaisante, ou plus généralement pour obtenir un changement souhaité dans un cadre donné, trois options s'offrent à nous, la violence, qui permet effectivement d'obtenir d'autrui qu'il change de comportement (sauf à ce qu'il soit plus fort, ou que le conflit violent ainsi engendré s'éternise), la défection, qui permet de changer par déplacement le cadre dans lequel on est insatisfait, et enfin la prise de parole, qui peut se définir ainsi comme la solution la plus pacifique.

Si l'on suit le modèle d'Hirschman, on voit bien que toutes les situations sociales qui autorisent à la fois la défection et la prise de parole, et qui comportent peu de violence sont celles au fond qui donnent le plus de liberté à l'individu. Elles sont souvent associées, comme nous le verrons, à une triple condition, un régime social et politique démocratique, une valorisation de l'individu et de sa liberté, un renoncement à la violence comme mode d'action.

La prise de parole ne peut donc pas être valorisée en tant que telle, comme modalité unique de l'action, c'est la possibilité complémentaire de la défection qui lui donne tout son sens. C'est le couple formé par la possibilité de la prise de parole *et* de la défection qui donne le plus de poids à la prise de parole et *qui lui permet peut-être de se départir d'une violence potentielle*. L'aménagement équilibré des possibilités de défection jouerait-il donc ainsi un rôle dans le passage d'une parole éventuellement violente et manipulatrice à une nouvelle parole, plus pacifiée ?

Le corollaire de cette hypothèse serait bien évidemment la situation communautaire fermée telle que nous la décrit Hirschman, comme sans défection possible mais avec possibilité de prise de parole. La parole n'y est-elle pas presque inévitablement porteuse d'une certaine violence ? N'est-ce pas par exemple ce qui caractérise la situation de certaines communautés tribales, vaincues et incluses dans une société moderne, et dont les membres se refusent à eux-mêmes la possibilité de faire défection. La fidélité radicale à la communauté tribale et à ses valeurs, dans un environnement qui ne leur accorde plus tout à fait le sens qu'elles avaient dans le passé et dans une société moderne qui les maintient finalement dans une sorte de ghetto (en leur accordant des allocations les dispensant de travailler), ne conduit-elle pas à cette situation-là — pas de défection possible, mais une prise de parole largement dégradée dans la violence ? Ce cas de figure se retrouve par exemple dans certaines communautés indiennes en Amérique du Nord et notamment au Canada.

On mesure bien ici, dans un autre sens, le caractère réducteur d'un modèle communicationnel qui favoriserait uniquement la défection, comme condition de liberté de l'individu, et se débarrasserait ainsi de la possibilité de la prise de parole. Ce modèle est en partie celui du libéralisme, qui fait du marché le régulateur et le moteur unique du changement. Or le marché est précisément la systématisation de la défection comme moyen d'action.

Pour Hirschman, la défection est devenue une valeur essentielle à la société américaine, formée d'immigrants, où celle-ci « jouit d'une position tout à fait privilégiée, [car] les États-Unis sont nés et se sont développés parce que des millions d'hommes ont préféré la défection à la prise de parole [5] ». Hirschman ajoute que, « du fait qu'elle a présidé à la naissance et au développement du pays, la conviction que la défection représente un mécanisme social fondamental s'est ancrée dans les esprits [6] ». L'auteur explique par là un certain conformisme américain : « Pourquoi se créer des ennuis en élevant la voix pour contester, lorsqu'on a à tout moment la possibilité de quitter son cadre de vie au cas où il deviendrait par trop déplaisant, [et alors que] les Américains ont toujours la possibilité de résoudre leurs problèmes en s'éloignant physiquement de ce qui en est la cause [7] ? »

---

5. *Ibid.*, p. 167.
6. *Ibid.*, p. 174.
7. *Ibid.*, p. 168.

On mesure au passage combien l'extension des lois du marché en dehors du strict secteur des produits de consommation courante, en direction par exemple de la santé, de la sécurité ou de l'éducation, ferait basculer ces domaines dans un modèle où seule la défection serait une modalité du changement, au détriment de la prise de parole. On peut s'interroger également sur le rapport entre la forte prévalence de la violence aux États-Unis (par exemple le taux extraordinairement élevé d'homicides) et le fait que la systématisation de la défection comme moyen d'action a été accompagnée d'un élagage systématique des voies de la prise de parole, notamment depuis l'après-guerre. La situation du Canada est de ce point de vue très différente : l'équilibre entre prise de parole et défection est peut-être un des facteurs, précisément, du taux de violence sociale relativement faible que connaît durablement ce pays.

La parole et l'action matérielle

La parole, nous venons de le voir, est une modalité d'action sur les autres, qui permet d'obtenir des changements dans leur comportement à notre égard. Le champ d'application de la parole n'est-il pas plus vaste encore ? Sans qu'il soit question de développer outre mesure ici cette réflexion, on peut quand même se demander si, derrière chacun des outils matériels que l'homme fabrique et utilise, il n'y a pas, en amont, une parole. Celle-ci ne s'adresse pas à d'autres hommes, mais elle n'en constitue pas moins une intention de changement, ici d'un élément de l'environnement matériel.

Il y aurait dans ce cas une intimité plus grande qu'on ne l'imagine généralement entre la parole et l'outil, et pas uniquement dans le sens où c'est le maniement de l'outil qui nous aurait donné l'accès à la parole (thèse en vogue dans les milieux des préhistoriens). À l'inverse, on peut même se demander si ce n'est pas l'usage de la parole qui se concrétise à un moment donné dans l'outil qui sera le « mot » permettant d'agir sur l'environnement. L'outil n'est-il pas un moyen de communication spécifique avec le monde matériel ?

L'homme préhistorique, par exemple, qui veut se servir d'une peau de bête pour se couvrir, doit d'abord, après avoir capturé, tué et dépecé l'animal, en dépouiller la peau des chairs qui y sont attachées afin qu'elle puisse être utilisable comme vêtement. Il lui faut donc, d'une certaine manière, *convaincre* la peau de se séparer des chairs. La parole telle qu'on l'utilise entre humains n'est pas vraiment appropriée à un tel projet.

En revanche, la parole incarnée dans l'outil, en l'occurrence le racloir en silex taillé (biface), constituera le moyen approprié de parvenir à ses fins. L'outil serait-il un *argument matériel* ? Il est d'ailleurs probable que dans un tel contexte, pour ce que nous savons par exemple des sociétés qui ont des pratiques chamaniques (et c'est peut-être le cas des sociétés préhistoriques), la parole orale ou gestuelle signifiante accompagne l'usage de l'outil, comme parole autrement incarnée. La disjonction de cette parole première, globale en une parole réservée aux humains et en une parole réservée aux choses est peut-être à l'origine de la séparation essentielle, très tardive dans l'histoire de l'humanité, entre le monde de la politique et celui de la technique.

Il est évidemment difficile d'aller plus loin sur cette piste de réflexion hautement spéculative et ce qui vient d'être dit tient sans doute plus de la métaphore que d'une description impossible à faire de toute façon. Il n'en reste pas moins que la parole est bien présente dans l'outil et que l'acte de convaincre ne devrait peut-être pas être réservé à des situations entre humains, même si les situations ne sont évidemment pas comparables.

Les formes de l'action

Il nous reste, dans ce chapitre sur la parole comme modalité de l'action, à regarder d'un peu plus près les différentes formes prises par cette action. Nous avons vu au chapitre précédent que la parole se diffractait suivant la nature de ce qu'elle servait à faire. Souhaite-t-on communiquer une émotion, une vision singulière du monde ? Dans ce cas, une telle parole expressive n'est pas sans provoquer un changement chez ceux à qui elle s'adresse.

Si je dis à mon interlocuteur la tristesse qui vient de me saisir à ce moment du jour et à la pensée d'un être cher disparu récemment, je n'ai peut-être pas l'intention de le bouleverser, mais je ne suis pas sans savoir que mon émotion ainsi transportée vers l'autre ne va sans doute pas le laisser indifférent. S'il me prête quelque attention, il pourra être triste à son tour, ou au moins désolé de ma tristesse, témoignant ainsi d'une transformation intérieure. La parole expressive provoque bien, dans la plupart des cas, un changement chez l'autre. Elle est, au sens strict, une action sur l'autre.

Pour souligner l'importance de la parole jusque dans la relation amoureuse, Zeldin se demande si « la conversation peut réellement changer la façon dont on aime » ; et il ajoute que « les amoureux ne veulent plus seulement être aimés : ils veulent savoir pourquoi ils le sont, et ils ne se contentent pas de compliments lorsqu'il s'agit d'obtenir une réponse à cette question[8] ».

La parole informative est elle aussi porteuse de changement. La progression entre une parole neutre et une parole forte est liée ici à une caractéristique bien connue dans le monde de l'information, et qu'avait bien décrite Abraham Moles en son temps : plus la probabilité d'apparition d'une information est faible, plus son contenu est fort et frappant.

Une information à laquelle on s'attend n'a qu'une portée limitée, là où la nouveauté, l'originalité, la surprise sont des indices d'une « véritable » information. Celle-ci est susceptible d'entraîner un changement dans la représentation du monde de celui qui en est le destinataire. Apprendre par exemple que l'espérance de vie moyenne des habitants de la Russie est actuellement à peine supérieure à cinquante ans peut être surprenant pour ceux qui voient encore ce pays comme une grande puissance, alors que cette statistique le range plutôt dans la catégorie des pays en voie de développement (à quoi on peut d'ailleurs ajouter qu'un tiers des habitants y vivent en dessous d'un seuil de pauvreté déjà bien bas).

8. Theodore ZELDIN, *De la conversation*, *op. cit.*, p. 47.

L'information est bien une parole en action potentiellement forte. Encore ne faut-il pas trop exagérer la portée du changement introduit par l'information médiatisée. La parole tenue, on l'a vu, peut emprunter différents moyens de communication. Ainsi le grand photographe américain Jim Nachtwey choisit-il la photo, et plus particulièrement la photo de presse, pour tenter d'informer ses contemporains de l'atrocité de la guerre et de ses conséquences, ou encore du caractère inacceptable de la pauvreté [9]. Ses photos, bouleversantes, qui ont été largement publiées dans tous les grands journaux du monde occidental, sont explicitement porteuses d'une parole forte. Nous atteint-elle ? Sans doute, car il est impossible de ne pas être touché par ce qu'il nous dit à travers l'image, tant la parole prise y est incarnée avec humanité. Change-t-elle les choses, modifie-t-elle la réalité qu'elle se propose de transformer ? Rien n'est moins sûr, même si, avec un peu d'optimisme, on peut se dire qu'elle a contribué, un peu, à modifier certaines perceptions.

Au service de la prise de décision

L'argumentation, qui place une personne dans la posture de vouloir convaincre un interlocuteur d'adopter le point de vue qu'on lui propose, est peut-être la forme de parole la plus tournée explicitement vers le changement. L'argumentation suppose une action délibérée, construite, une mise en forme spécifique. Elle relève de ce que les anciens Grecs appelaient la *technè rhètorikè*, l'art de convaincre, c'est-à-dire l'art de mettre en forme l'opinion que l'on veut défendre, l'art, comme le dit le philosophe et juriste belge Chaïm Perelman, « de provoquer ou d'accroître l'adhésion des esprits aux thèses qu'on présente à leur assentiment [10] ».

Par « opinion », on entend ici tout ce qui, dans le domaine de la parole humaine, relève du discutable, de l'argumentable, à

9. On peut voir une description de son travail et de ses motivations dans le film suisse *Photographe de guerre*, de Christian Frei, 2001.

10. Chaïm PERELMAN et Lucie OLBRECHTS-TYTECA, *Traité de l'argumentation. La nouvelle rhétorique*, Éditions de l'université de Bruxelles, Bruxelles, 1970, p. 5.

l'écart de la « vérité informative », de l'évidence des faits, ou encore de l'état vécu. Les grands débats de société (la peine de mort ou l'euthanasie par exemple), le champ du politique ou encore celui du judiciaire relèvent en grande partie de la mise en œuvre d'opinions, toujours renégociables et qu'aucune vérité transcendante ne vient jamais éclairer.

Les pratiques de l'argumentation sont au cœur de nombreuses situations sociales où le rôle de la prise de parole est central. Toutes les activités de prise de décision qui relèvent de la coopération et de la négociation mettent en œuvre les techniques de l'argumentation. D'une manière générale, la prise de décision s'appuie sur une délibération, c'est-à-dire un échange de parole, même si cette délibération est une délibération intérieure.

On notera que ces trois formes de la parole, qui sont autant de modalités d'action sur les autres, dépendent en partie du type d'organisation et du rapport entre prise de parole et défection qui la caractérise. Ainsi le modèle de l'association, où prise de parole et défection fonctionnent comme deux options possibles, est le plus favorable à l'argumentation. Le modèle communautaire ou tribal, qui s'appuie sur une prise de parole sans défection, est plus favorable à la parole expressive, là où le modèle du marché, fondé sur la seule défection comme moyen d'action, rend l'information nécessaire.

Prise de décision et dialogue intérieur

Ce tableau de la prise de parole décrite comme une des modalités essentielles de l'action ne serait pas complet si on n'insistait pas sur le fait que la parole, que nous nous représentons toujours comme tournée vers les autres, n'était pas regardée également comme tournée vers soi. La délibération intérieure, le débat avec soi-même ne sont-ils pas une des ressources les plus importantes pour se changer soi-même, peser sur le cours de son propre destin ? Nous sommes là au cœur d'une formulation paradoxale, car la parole intérieure est, à sa manière, une parole silencieuse.

Ne connaissons-nous pas de nombreuses occasions de dialogue avec nous-même ? Ne sommes-nous pas parfois placé devant une décision à prendre où nous évaluons tour à tour, en nous-même, le pour et le contre ? Ne sommes-nous pas parfois en désaccord avec nous-même au point de sentir alors qu'un conflit intérieur s'installe, occasion de multiples discussions de soi à soi ? C'est ainsi que nous nous transformons par l'effet de ce dialogue intérieur. Le pouvoir de changement de la parole s'applique donc non seulement à tous ceux à qui nous l'adressons, mais également à nous-même comme destinataire particulier de notre parole.

Ce dialogue intérieur, cette parole autoadressée ne sont jamais tant visibles que lorsque nous prenons une décision. Bien sûr, il y a différentes méthodes pour ce faire. On peut s'en remettre, de façon terriblement archaïque, au « destin », à l'interprétation de « signes » qui indiqueraient qu'il faut aller dans tel sens plutôt que dans tel autre. On peut aussi laisser faire les événements et suivre la pente qu'ils vous indiquent, ce qui est une variante de l'archaïsme et du fatalisme. On peut rationaliser tout cela en faisant mine de croire en notre « bonne étoile », ou encore se dire que de toute façon, quoi qu'on fasse, il ne nous arrivera rien de bien.

Mais on peut aussi rompre avec la passivité, passer du côté de l'action et « prendre la parole » en son for intérieur, écouter les différentes voix qui s'y logent, peser, c'est-à-dire souvent parler silencieusement le pour et le contre. Notre intériorité s'emplit alors de paroles jusqu'à ce que la parole juste nourrisse la décision, qui, alors, est prise et s'impose comme telle.

5

Une alternative à la violence

La parole, nous l'avons vu, se présente comme un « espace de transposition du réel ». C'est peut-être dans le domaine de la violence que cette formule est la moins abstraite. L'homme a été confronté, en tout temps et tout lieu, à la violence. Il y a bien sûr des différences notables de ce point de vue, selon les sociétés auxquelles il appartient ou selon l'époque. Mais le phénomène est suffisamment récurrent pour constituer une des préoccupations centrales de l'humanité.

La violence n'est pas seulement présente lorsque cet épouvantable monstre dévastateur qu'est la guerre surgit sans que nous puissions y échapper, mais aussi au quotidien, dans de multiples situations où nous pourrions pourtant nous en passer. Et cette violence, bien sûr, ne concerne pas seulement les autres. Elle est en chacun de nous, sans que nous sachions toujours l'identifier lorsqu'elle nourrit nos comportements envers autrui.

La parole entretient un rapport ambigu à la violence. Elle est porteuse d'un potentiel dévastateur, qui peut détruire des personnes ou gâcher toute leur vie au quotidien, et en même temps elle se présente comme un espace de transposition, de réduction possible de la violence, sous quelque forme qu'elle se présente. C'est que, de l'ensemble des possibilités initiales qu'elle recèle, celle d'être une alternative à la violence se dégage progressivement, pour former l'idéal d'une parole pacifiée et pacificatrice.

Exercer une force sans engendrer de domination

Là aussi, nous retrouvons donc cette partition qui est un de nos fils conducteurs : la parole contient la possibilité de la violence, mais elle est aussi le moyen, si on le souhaite, de s'en extraire et de former une parole plus juste, définie doublement comme alternative à la violence et comme pouvant s'en départir de toute violence en son sein.

Les « militants de la parole », soucieux de réserver le mot pour ce dernier sens, soutiennent une extériorité structurelle de la violence et du langage, comme par exemple Levinas, qui affirme que « raison et langage sont extérieurs à la violence [1] », ou que « le fait banal de la conversation quitte, par un côté, l'ordre de la violence ». Ce fait banal, ajoute-t-il, est la « merveille des merveilles [2] ». Mais cette extériorisation, si elle est possible et se réalise dans certaines situations, n'en suppose pas moins un point de départ où la violence est si intimement liée à la parole qu'elle concourt à sa définition.

La question qui se pose à nous ici est double : qu'est-ce qui, dans la nature même de la parole humaine, peut servir de point d'appui pour imaginer quitter l'« ordre de la violence », et quelles conditions sociales permettent ce mouvement ? L'un des obstacles majeurs que l'on rencontre pour tenter de séparer la parole de la violence est une représentation, profondément ancrée dans nos cultures, encore si marquées par la brutalité.

Dans cette représentation, la *force* est exclusivement associée et à la domination. Il n'y aurait pas d'autres moyens d'exercer une force, une énergie, de peser sur le cours des choses, que de recourir à la violence comme mode d'action. La

1. Emmanuel LEVINAS, *Difficile Liberté*, *op. cit.*, p. 19.
2. *Ibid.*, p. 19.

force et la violence seraient deux variantes indissociables d'un même comportement. L'absence de cette dernière est associée, à l'inverse, à la passivité ou à l'inactivité.

La question que posent les militants de la parole est pourtant celle de savoir si elle ne pourrait pas constituer, justement, l'instance qui permettrait *d'exercer une force sans engendrer de domination*. Il ne s'agit donc pas d'un point de vue « pacifiste » qui impliquerait de renoncer à toute action. Bien au contraire. Il s'agit de réfléchir aux moyens qu'offre concrètement la parole de disjoindre l'exercice de la force de celui de la violence, sous peine de priver la parole de toute sa capacité à être un opérateur majeur de l'action, comme nous l'avons vu au chapitre précédent, en somme de la dévitaliser.

La violence, une réalité difficile à saisir

Pour mieux comprendre comment la parole peut être une *alternative* à la violence, mieux vaut peut-être d'abord préciser ce que l'on entend par ce terme. Le mot désigne en effet des réalités multiformes, qu'il faut mieux distinguer. La violence est plus aisée à reconnaître et à identifier qu'à définir avec précision. Proposons tout de suite une première distinction entre la violence qui, d'un côté, est une action destinée à porter atteinte à une personne ou à la détruire, soit dans son intégrité physique ou psychique, soit dans ses biens, soit dans ses participations symboliques, et, de l'autre, la violence qui est inhérente au changement, au bousculement des habitudes, à la transformation des cadres familiers.

Cette dernière peut entraîner un ressenti désagréable et être vécue comme une souffrance, mais elle reste, en dernière instance, une violence *constructive*. Il y a de la violence dans l'effort et dans le travail, mais celle-ci reste productive. Il y en a aussi dans le désir. Qu'elle détruise ou qu'elle construise, voilà une partition essentielle. En général, on réserve ce terme de violence au sens de violence destructrice.

La violence, ensuite, est largement dépendante de la norme sociale qui l'encadre. Certaines de ses formes sont considérées, dans une société donnée, comme légitimes socialement là où d'autres sont non seulement hors normes mais en plus condamnées par la loi. L'homicide lors d'un duel pour une question d'honneur n'a par exemple été complètement criminalisé que depuis la fin du XIXe siècle. Tuer légalement quelqu'un parce qu'il a commis un crime est encore une norme dans de nombreux pays, dont plusieurs États des États-Unis. Il y a donc bien une violence qui est légitime et une qui ne l'est pas.

Une autre distinction importante est celle qui sépare la violence « sans raison » de la violence comme modalité de l'action. La première est certes plus rare qu'on ne se le représente parfois, mais elle a une place dans notre tableau. C'est celle, souvent, qui est le plus loin de la parole. Elle est la plus spectaculaire et celle qui frappe le plus les imaginations.

Deux figures incarnent le point limite de cette violence sans raison, celle du tueur en série et celle de l'*Amok*. Le tueur en série, hélas, est connu comme celui qui met en œuvre une violence telle qu'elle conduit à instrumentaliser totalement les personnes qui lui sont soumises. La victime est totalement déshumanisée aux yeux de l'assassin et la parole n'a plus aucune place dans le dispositif du meurtre, d'ailleurs souvent silencieux. Le tueur en série pourrait même être décrit, d'une certaine façon, comme celui qui a purgé sa parole de toutes ses potentialités de pacification et de transposition de la violence en mots. Il est dans un au-delà de la parole et donc de l'humanité.

Amok est un mot indonésien qui désigne l'état de celui qui est pris subitement d'une crise de folie se traduisant par un brusque accès de violence meurtrière. Une personne peut ainsi basculer sans raison dans cet état et se jeter sur les autres. Dans ce cas, la norme, d'ailleurs légale, veut que ceux qui sont présents essayent de le tuer le plus rapidement possible pour faire cesser son action. Nous ne sommes pas loin, finalement, des folies meurtrières des héros que nous décrit Homère, ou de la figure du *Berserker* dans les anciennes traditions nordiques[3], dont le sociologue Denis Duclos nous rappelle

3. Voir à ce sujet le site du musée des Civilisations du Québec : <http://www.civilization.ca/media/docs/fsvik07f.html>.

justement qu'elles nourrissent l'imaginaire américain du tueur en série [4].

Mais, la plupart du temps, la violence a de « bonnes » raisons d'être. Elle vise à obtenir de l'autre quelque chose ou bien un comportement, ou encore à le détruire parce qu'il est gênant. Elle est une modalité de l'action humaine. Elle est le prolongement des comportements pacifiques et suppose une gradation de moyens où il n'est pas du tout facile de savoir où s'arrêtent l'incitation, la pression, la contrainte, et où commence la violence proprement dite.

Franchissant ainsi des frontières invisibles, elle n'est d'ailleurs pas toujours consciente d'elle-même. Ainsi, une étude réalisée en France en 1997 par la Direction générale de la santé sur un échantillon de cent soixante-seize délinquants sexuels incarcérés, cas il est vrai particulier, montre que plus d'un agresseur sur deux ne perçoit ni la portée de son acte délictueux, ni les conséquences qu'il peut avoir pour la victime. Lorsqu'on demande au sujet de « décrire son acte, quelle qu'en soit la violence », c'est toujours de lui qu'il parle, expliquent les rédacteurs du rapport, et non de sa victime [5].

Une dernière distinction est nécessaire. Il faut en effet séparer la violence exercée avec des moyens physiques, contrainte corporelle, coups, blessures, qui impliquent une action du corps souvent prolongée par celles d'outils spécifiques, comme les armes, et la violence exercée par la parole, à des fins de destruction. Comment nommer cette violence : « Psychologique » ? « Morale » ? La nouveauté du problème est peut-être à l'origine du fait que l'on ne dispose d'aucun mot satisfaisant pour le nommer. Cette violence touche certes sa victime dans son identité profonde, mais c'est aussi tout son être social qui s'en trouve atteint.

---

4. Denis Duclos, *Le Complexe du loup-garou. La fascination de la violence dans la culture américaine*, La Découverte, Paris, 1994 (édition de poche : Pocket, Paris, 1999).

5. Le compte rendu du rapport est fait par Cécile Prieur, *Le Monde*, 29 octobre 1997.

Un espace de transposition de la violence

La parole se présente donc comme une alternative à ces différents types de violence. Trois grands cas de figure se détachent de ce point de vue. Le premier concerne la violence sans raison, celle du tueur en série ou de la folie meurtrière, ou encore celle du « harceleur en série », du pervers social. Qu'elle soit physique ou morale (psychologique), cette violence est assez peu contrariable par la parole, qui n'est donc pratiquement pas une alternative possible. C'est que, dans ce cas, la parole de la victime n'a, justement, aucun statut. Elle n'est pas, pour l'agresseur, une parole mais un objet. Le salut, ici, ne peut venir que de l'application d'une violence plus forte, ou de la fuite, quand elle est possible. Ce cas, heureusement, est rare. En France, sur mille homicides par an, seuls quelques-uns relèvent de ce type de situation. L'immense majorité des autres cas sont des crimes plus « humains », drames de famille, jalousies, haines recuites, vengeances...

Comme le dit Zeldin, dans son apologie de la conversation pacificatrice, il faut établir « une distinction entre les diables à cornes et les diables tout court. Les diables cornus prennent plaisir à la cruauté, refusent d'écouter, paraissent s'acharner à détruire ceux qui les entourent, du moins en tant qu'êtres indépendants. J'ai bien du mal à l'admettre, mais, avec eux, il n'y a souvent rien à faire. Je suis loin de prétendre que nous puissions remédier à tous les problèmes et changer systématiquement les méchants en bons. Mais la plupart des diables n'ont pas de cornes ; ils sont agressifs parce qu'ils sont faibles, et cruels parce qu'ils ont peur [6] ».

Le deuxième cas de figure est celui de la violence physique exercée comme modalité de l'action. La prise de parole peut constituer dans ce cas un moyen pratique pour s'opposer à cette violence, en l'utilisant comme un espace de transposition. La guerre peut alors déboucher sur un cessez-le-feu, puis être l'objet de négociations. L'agression physique peut s'arrêter pour laisser place à un dialogue et à une argumentation. Une personne violente peut accepter le processus qui

6. Theodore ZELDIN, *De la conversation*, *op. cit.*, p. 67.

consiste à contrôler ses pulsions en mettant sa violence en parole afin d'en diminuer la portée. On peut soi-même s'engager dans un processus visant à mettre en parole ce qui autrement risquerait d'être violent.

La négociation, le dialogue, la thérapie par la parole constituent des cas de figures typiques où la parole se substitue à la violence et devient l'espace qui en permet une transposition pacifique. On remarquera que, dans de tels contextes, la parole violente est un substitut tout à fait acceptable, provisoirement en tout cas, à la violence physique, à condition bien sûr que ses effets ne soient pas plus dévastateurs encore. L'insulte proférée est un relatif progrès par rapport à l'agression physique qu'elle remplace (mais la discussion sur la nature d'un différend est bien sûr préférable à l'insulte).

De très nombreuses modalités d'intervention sociale ont été codifiées et institutionnalisées pour permettre une telle transposition, comme le statut des « ambassades » pendant les conflits, ou les nombreux genres de psychothérapies proposées aux personnes ayant des comportements violents, ou encore les « méthodes pour établir une communication non violente [7] ». Ainsi, le rapport mentionné plus haut note-t-il que « le traitement des agresseurs sexuels nécessite une prise en charge spécifique, qui prend en compte leur mode de fonctionnement, basé sur le déni de l'acte. Parce que l'agresseur sexuel n'abordera jamais le sujet de lui-même, il est nécessaire de lui "imposer la parole". Le changement de point de vue ainsi obtenu permettra au sujet de percevoir véritablement l'ampleur de son acte [8] ».

Dans un roman poignant racontant l'expérience d'un viol, Virginie Lou met en scène le rôle de la parole, « lumière dans la nuit préhistorique », comme « rempart face à la barbarie » de celui qui agresse, et qui permet, concrètement, de stopper la progression de la violence. Virginie Lou y décrit magnifiquement la parole comme un « luxe façonné contre la guerre [9] ».

7. Marshall B. Rosenberg, *Les Mots sont des fenêtres. Initiation à la communication non violente*, Syros, Paris, 1999.
8. Cécile Prieur, *Le Monde*, *loc. cit.*, 1997.
9. Virgine Lou, *Éloge de la lumière au temps des dinosaures*, Actes Sud, coll. « Générations », Paris, 1997.

En même temps, elle pointe la difficulté à mettre en parole la violence subie, pour tenter de la faire partager par d'autres, qui s'y refusent. La violence est parfois une réalité sociale si inacceptable qu'elle résiste à sa mise en mots.

La violence par la parole

Un troisième cas de figure renvoie à la situation où la violence, utilisée comme modalité d'action, passe exclusivement par l'usage de la parole. Dans ce cas, l'agresseur utilise toutes les ressources de la parole, en particulier celles qui permettent d'exercer un pouvoir, une domination sur l'autre. Trois grandes familles de procédés sont alors en jeu, la contrainte, la manipulation et le harcèlement.

La parole utilisée pour contraindre relève d'une violence qui est souvent considérée comme légitime, y compris dans les sociétés modernes. Tout « supérieur hiérarchique », dans les innombrables organisations bureaucratiques qui peuplent nos sociétés (et cela n'est pas péjoratif), exerce un pouvoir considéré comme légitime sur ses subordonnés, pouvoir qui implique une contrainte. Celle-ci s'exerce en général par la parole et son prototype est l'« ordre » donné, ou la « directive » faite pour être exécutée. De nombreuses personnes, rétives à ce genre de situation, choisissent d'exercer des professions indépendantes, libérales ou commerciales, qui ne les exposent pas à ce type de parole.

La contrainte par la parole peut évidemment être illégitime et même punie par la loi. Comme dans le cas de la menace verbale ou de l'exercice d'une autorité pour obtenir des avantages non prévus par le cadre qui la fixe.

L'employeur qui n'est pas obéi a toujours le recours de vous faire « mettre à la porte », au besoin en recourant à la force — comme dans ces procédures de licenciement express utilisées en Amérique du Nord, où le matin, en arrivant au bureau, l'employé qui ne sait pas encore qu'il est licencié trouve ses cartons faits, son bureau vidé, et un agent de sécurité qui, après un entretien rapide avec un supérieur, ne le lâche pas jusqu'à la sortie. En une demi-heure, le tour est joué, l'employé a « disparu » de l'entreprise. On lui a imposé en quelque sorte une défection pour empêcher toute prise de parole.

Manipulation, harcèlement

La parole violente se déploie dans deux autres types de situation, assez distincts pour qu'on les sépare dans l'analyse, la manipulation et le harcèlement. Ces procédés ont été décrits par ailleurs et ce n'est pas l'objet de les détailler ici [10]. Rappelons simplement que chacune des trois grandes formes de la parole s'inscrit sur un axe qui va de la pure violence exercée sur l'auditoire à un respect de la liberté de l'autre impliquant qu'on n'exerce sur lui aucune contrainte non désirée. Ainsi la parole expressive implique-t-elle la possibilité du mensonge et de l'inauthenticité. L'axe argumentatif est toujours dans l'ombre de la manipulation possible. L'axe informatif, quant à lui, convoque immédiatement le fantôme de la désinformation.

En quoi tous ces procédés relèvent-ils de la violence ? Notons tout d'abord que l'on sous-estime généralement la violence dont la parole peut être la cause. Comme si les coups, les blessures étaient par nature plus violents. Or, on le sait, l'insulte peut blesser profondément, la manipulation détruire une identité, ou pousser, par exemple, au suicide, et la désinformation tuer plus sûrement qu'un projectile. La violence « morale » peut concurrencer, en intensité, les effets de la violence physique.

La manipulation, par exemple, recouvre un ensemble de techniques qui ont en commun de priver l'auditoire de sa liberté de réception et de l'enfermer dans l'espace d'un seul choix possible, celui qu'on lui propose, c'est-à-dire qu'on lui impose. Il est rare que le choix proposé, qu'il s'agisse d'un comportement à adopter ou du partage d'une information fausse, soit celui que l'auditoire aurait fait librement. Il est encore plus rare que ce choix corresponde réellement à son

---

10. On se reportera notamment à Philippe BRETON, *La Parole manipulée* (La Découverte, Paris, 1997, et Boréal, Montréal, 1997), et à Marie-France HIRIGOYEN, *Le Harcèlement moral* (Syros, Paris, 1998).

intérêt. Il est fréquent que celui qui a fait un « choix » sous l'effet d'une manipulation soit conduit à le regretter ultérieurement et doublement : une première fois parce qu'il ne correspond pas à son attente, une seconde fois parce que ce choix s'accompagne du sentiment de malaise qui étreint celui qui s'est fait violenter. Ce malaise peut être d'autant plus fort qu'on en identifie mal les causes.

Le harcèlement, qu'il soit « moral » ou « sexuel », est le plus souvent ressenti comme une violence par celui ou celle qui en est victime. C'est même souvent le but recherché par celui qui harcèle, qui fait tout pour que l'autre fasse ce qu'il souhaite, en échange d'un arrêt de la violence, utilisé comme moyen de pression.

La désinformation est une parole truquée, dont l'objectif est de pousser celui qui s'y fie à adopter un comportement en général contraire à ses intérêts. Ses effets peuvent être ravageurs et meurtriers. Utilisée comme arme de guerre, la désinformation peut provoquer plus de victimes chez l'adversaire que l'emploi d'armes matérielles. Comme le montrent de multiples exemples lors du dernier conflit mondial, de la guerre d'Algérie ou des deux guerres contre l'Irak, la parole, dans ce cas précis, tue plus sûrement qu'une balle, un obus ou un bombardement [11].

La violence dans la parole procède d'un déplacement normatif qui a vu la plupart des sociétés modernes former l'idéal de renoncer à la violence physique dans les rapports quotidiens. Il faut souligner que cette norme nouvelle, qui condamne la violence, a une portée bien plus générale que la simple condamnation de l'emploi des coups ou du meurtre pour régler des différends. Elle témoigne d'un changement global face à la violence et vaut donc aussi pour la parole. Ceci explique que, en dehors des discours cyniques ou marginaux qui font l'apologie de la violence, la violence dans la parole doive avancer masquée. C'est aussi une condition de son efficacité, dans un environnement normatif qui condamne le recours à la violence sous toutes ses formes.

---

11. Philippe BRETON, *La Parole manipulée*, *op. cit.*

Il est notable en effet que les procédés violents utilisés et qui jouent sur les possibilités immenses et raffinées de la parole doivent la plupart du temps être dissimulés derrière, justement, le masque d'une parole juste. C'est le signe que celle-ci s'est bien imposée comme norme, même si la réalité est loin de s'y conformer. Ainsi, l'analyse que nous avons faite, parallèlement à d'autres auteurs, comme l'anthropologue de la communication Yves Winkin [12], des techniques de la « PNL » (programmation neurolinguistique), montre bien que ce type de « formation à la communication », très enseignée dans les entreprises, s'appuie sur une dissimulation des procédés qu'elle emploie, *comme condition de leur efficacité*. Cette consigne est explicite dans tous les procédés utilisés pour « convaincre » et qui relèvent de la « manipulation des affects [13] ». C'est que, dévoilés, ils risqueraient d'apparaître pour ce qu'ils sont : une pure et simple violence exercée sur l'autre, travestie en parole.

Mélange des formes et séduction

La possibilité d'utiliser la parole pour être violent ne provient-elle pas d'un mélange, d'une confusion des formes de la parole ? Il est frappant en effet de remarquer que la violence est presque toujours, dans ce contexte, le produit du décalage entre un contrat de communication annoncé et une pratique effective qui s'en détourne le plus discrètement possible.

Prenons l'exemple de l'information. L'emploi de cette forme implique que l'on annonce, le plus souvent sur un mode implicite, le contrat de communication suivant : ce que je vais vous décrire correspond à l'observation la plus objective que je sois capable de faire. Ce contrat est passé avec l'auditoire qui s'attend donc à rencontrer une parole composée de « faits » (c'est le cas typique du reportage réalisé par un journaliste). On

12. Yves Winkin, « Éléments pour un procès de la PNL », *Médianalyses*, n° 7, 1990, p. 43-50.

13. Philippe Breton, *La Parole manipulée*, *op. cit.*

sait la difficulté de l'opération, mais on sait aussi, que, dans certaines limites, elle n'est pas impossible.

La violence exercée sur l'auditoire commence lorsque, tout en annonçant que l'on met en œuvre ce contrat de communication, on travestit en « faits » les opinions que l'on veut faire passer. Le cas ultime de cette torsion est la désinformation, véritable mécanique de précision destinée à faire passer pour fait ce qui ne l'est pas. Il y a violence non pas parce que les faits sont tordus et déformés, ou parce que c'est une opinion que l'on transmet, mais parce que cela s'accompagne de l'annonce que l'on se situe sur le registre de l'information. La confusion cachée des formes est ici le ressort de la contrainte exercée — car on force ainsi l'auditoire à accepter quelque chose qu'il n'aurait pas admis autrement.

Un autre exemple de la confusion des formes est l'usage — toujours caché comme tel — de la séduction dans l'argumentation. La publicité utilise beaucoup ce registre, mais il est fréquent aussi dans la manipulation politique, où il est la marque des démagogues. Le contrat de communication implicite qui accompagne la forme argumentative est que l'on va proposer de « bonnes raisons » à l'auditoire pour le convaincre, que rien ne sera caché dans le jeu et qu'il sera libre d'adhérer à l'opinion qu'on lui propose. Or le contrat est violé, discrètement mais avec de fortes conséquences, si les « bonnes raisons » s'effacent devant des procédés relevant de la forme expressive, comme par exemple, la séduction.

Séduire pour séduire, voilà qui ne fait aucun problème, à l'intérieur de la forme expressive où le contrat de communication est clair de ce point de vue : j'éprouve de l'attirance, je l'exprime, j'en déduis des souhaits, des désirs. Séduire pour argumenter, en revanche, fait passer une frontière et sauter d'un genre à l'autre. Là aussi, la confusion des genres est porteuse de violence. L'exemple de l'emploi de *stimuli* érotiques sans rapport, associés mécaniquement à un objet dont on veut faire la promotion, est typique de ces procédés de confusion des genres qu'emploie la publicité.

L'usage de la parole séductrice en politique semble attesté dès les débuts de la démocratie. En politique, le prototype du séducteur est le démagogue, personnage déjà bien connu des

Grecs anciens. Euripide décrit ainsi « celui qui est capable de s'adapter aux circonstances les plus déconcertantes, de prendre autant de visages qu'il y a de catégories sociales et d'espèces humaines dans la cité, d'inventer les mille tours qui rendront son action efficace dans les circonstances les plus variées [14] ».

Le démagogue est celui qui veut convaincre qu'il est le bon candidat au poste auquel il postule. Pour cela, il va faire croire à l'auditoire, par différentes stratégies, qu'il pense comme lui. Mieux : s'adressant à plusieurs auditoires particuliers, il va faire croire à chacun d'eux qu'il pense comme lui.

Un des passages les plus cyniques du manuel de campagne électorale rédigé par Quintus Cicéron (le frère du fameux Cicéron) souligne la nécessité de développer « le sens de la flatterie, vice ignoble en toute autre circonstance, mais qui, dans une campagne, devient qualité indispensable, [...] obligatoire pour un candidat dont le front, le visage et les discours doivent changer et s'adapter, selon ses idées et ses sentiments, à l'interlocuteur du moment [15] ».

Le séducteur n'affirme pas son point de vue propre, il se coule dans le point de vue d'autrui. Comme le dit joliment Lionel Bellenger, « séduire, c'est mourir comme réalité et se produire comme leurre [16] ». Jean Baudrillard a insisté avec raison sur l'importance de la métamorphose dans l'acte de séduction. L'exercice démagogique implique une incroyable souplesse et, très souvent, passe par la construction d'un vocabulaire politique suffisamment ambigu pour que les mêmes mots puissent se métamorphoser, en fonction de l'attente de chacun des auditoires qui les reçoivent.

Si l'on en croit Aristote, une nouvelle norme de la parole tendra à s'imposer dans plusieurs cités grecques, celle qui consiste à refuser que les orateurs plaident « en dehors de la cause ». Cette règle, simple en théorie, permet d'écarter la séduction comme procédé qui se détourne de l'énoncé

14. Cité par Lionel BELLENGER, *La Persuasion*, coll. « Que sais-je ? » PUF, Paris, 1985, p. 51.
15. Quintus CICÉRON, *Petit Manuel de campagne électorale*, Arléa, Paris, 1996.
16. Lionel BELLENGER, *La Persuasion*, *op. cit.*, p. 79.

argumentatif. Elle a pour origine, toujours selon Aristote, les trop nombreuses tentatives de séduire le juge, les jurys, l'assemblée, en lieu et place d'un discours argumentatif. La fréquence du recours à la séduction en politique et la tolérance dont elle est l'objet seraient-elles un bon indicateur du statut de la parole dans une société donnée ?

La parole sans violence : contrôle des pulsions, séparation et symétrie

Sur quelles ressources de la parole peut-on s'appuyer pour que celle-ci se départisse de la violence dont elle est potentiellement porteuse ? Comment fonctionne, concrètement, cet espace de transposition de la violence [17] ? On peut déduire de tout ce qui vient d'être dit qu'une réponse à ces questions implique trois niveaux de réflexion. Le premier concerne l'autocontrôle des pulsions, ou, pour le dire autrement, la capacité de doubler toutes nos émotions, jusqu'aux plus violemment ressenties, comme la colère ou la vengeance, d'une *mise en parole*, qui en permet, sinon le contrôle absolu, au moins un minimum de mise à distance.

Le deuxième niveau concerne la capacité à séparer les formes de la parole, c'est-à-dire à adapter, ajuster sa parole à une situation donnée, et ainsi établir un contrat de communication correspondant à la parole donnée. L'honnêteté consiste ici à respecter le contrat de parole, à faire ce que l'on dit que l'on va faire, à respecter la forme annoncée.

Le troisième niveau est celui de la représentation qu'on se fait de ce qu'on pourrait appeler l'« autre de sa parole », l'auditoire auquel on s'adresse. La parole contient la possibilité d'activer une *symétrie* fondamentale dans la relation humaine, qui relègue au second plan d'autres considérations. L'acte de convaincre sans violence, c'est-à-dire argumenter avec de bonnes raisons qui laissent l'auditoire libre, est peut-être la matrice la plus essentielle de cette symétrie. Si l'autre est libre,

17. Voir à ce sujet notre ouvrage pratique, *Argumenter en situation difficile* (à paraître à La Découverte, 2004).

alors il est seul juge des raisons que je lui propose. L'argumentation correspond donc à la mise en œuvre concrète, nécessaire d'une parole symétrique, qui crée de la symétrie. Nous verrons que cette aventure de la parole argumentative n'est pas sans lien avec l'institution de cette forme particulière du lien social qu'est la démocratie.

La communication non violente

On retrouve ces différents éléments dans les propositions de Marshall B. Rosenberg pour fonder une « communication non violente [18] ». Face à une situation violente, des interlocuteurs hostiles et menaçants par exemple, Rosenberg propose, dans une perspective très « rogerienne » (du nom du psychologue Carl Rogers), d'adopter une stratégie de parole à quatre composantes. Cette stratégie peut permettre, selon l'auteur, de dénouer la situation et de diminuer la violence dont elle est porteuse.

La première composante consiste à « séparer l'observation de l'évaluation », afin de ne pas plaquer nos jugements sur la situation et de ne pas laisser croire à l'interlocuteur que nous jugeons son action, même si celle-ci est menaçante. La deuxième composante consiste à exprimer les sentiments que la situation provoque en nous, sans craindre de témoigner d'une certaine vulnérabilité.

La troisième composante : « identifier clairement les besoins » qui découlent des sentiments que nous ressentons dans cette situation. Quatrième composante, enfin : formuler sous la forme d'une demande que soient satisfaits les besoins que nous avons identifiés.

Ces quatre étapes concernent le destinataire de la violence en question, mais elles s'appliquent également à l'agresseur, à charge pour le destinataire de l'aider à franchir ces étapes. On remarque que, face à la complexité d'une situation de communication violente, Rosenberg propose d'abord d'objectiver la parole de l'autre, comme manière de la respecter et de ne pas la

---

18. Marshall B. Rosenberg, *Les Mots sont des fenêtres*, *op. cit.*

juger. Nous sommes là, pour reprendre nos propres catégories d'analyse, dans un mécanisme de « mise en information » et d'« objectivisation ». Ensuite, il s'agit d'exprimer de la manière la plus authentique possible ce que nous ressentons dans cette situation. La troisième phase consiste en un passage intérieur, où nous nous formulons le plus clairement l'opinion que nous voulons défendre à ce moment précis. La quatrième phase consiste à proposer à l'autre de bonnes raisons de faire ce que nous souhaitons, le plus honnêtement possible, c'est-à-dire à argumenter.

Plus que l'inventeur d'une « méthode », Rosenberg peut être vu comme un très bon observateur des situations de violence et de la façon dont certains interlocuteurs arrivent à les dénouer. La parole sert bien ici d'espace de transposition de la violence. Elle permet de passer d'une situation concrète de menace ou de violence physique, ou encore d'usage violent de la parole, à une situation où celle-ci se sépare, se diffracte nettement dans les trois formes qui permettent d'objectiver, d'exprimer, puis d'argumenter. De la parole indifférenciée comme source de violence à la parole différenciée comme support de pacification, voilà un bon exemple de déplacement majeur de ce que l'on peut faire avec la parole.

II

La parole, enjeu de civilisation

6

La première parole

La parole, nous venons de le voir, est porteuse de trois pouvoirs essentiels : elle nous permet de nous épanouir en tant que personne, d'agir de façon coopérative, et elle offre une véritable alternative à la violence. Ces trois possibilités sont-elles universelles ? Il serait prudent de considérer qu'elles ne valent que pour le présent, et plus précisément pour le présent de certaines sociétés occidentales ; si l'on veut éviter l'ethnocentrisme, on ne saurait y voir une situation valable universellement, dans le temps et dans l'espace. La parole est certes un universel propre à l'humanité, mais ses potentialités restent contingentes : étant un fait social, son statut et les formes qu'elle prend sont en effet étroitement liés aux différentes sociétés humaines dans lesquelles elle se déploie.

De la préhistoire à l'histoire de la parole

Le statut de la parole est pris dans une certaine historicité : on ne fait pas la même chose avec elle au Moyen Âge occidental, dans la société grecque, dans telle ou telle société primitive. Cette réalité implique que l'on reconstitue l'histoire du statut de la parole et des conditions historiques dans lesquelles ses trois pouvoirs sont apparus. Ce statut est largement dépendant par exemple de l'émergence de la démocratie, qui va constituer un cadre essentiel de déploiement de la parole. De la même façon, elle ne peut pas jouer à plein son rôle d'épanouissement de la personne dans des sociétés qui ne reconnaissent pas à la personne, justement, une position centrale. Une société où le niveau de violence acceptable est très élevé n'accordera pas à la fonction pacificatrice de la parole une place très importante. Ce que nous avons appelé la parole juste est très dépendant du fait que la parole soit consciente d'elle-même, objet d'une réflexivité qui s'ancre dans le quotidien de la communication.

Cette hypothèse implique qu'il y ait un avant, une étape historique où la parole était moins consciente d'elle-même, moins diffractée dans des formes très spécialisées, comme l'informatif ou l'argumentatif, un moment de l'histoire des sociétés humaines où la parole avait moins de pouvoir et où, de ce fait, l'homme avait moins la maîtrise de son propre destin. L'éloge de la parole, du coup, devient l'éloge des conditions sociales qui permettent son déploiement, notamment de la démocratie, de l'individualisme et du recul de la violence.

Les chapitres qui suivent, en se gardant d'un point de vue évolutionniste, tentent de reconstituer la montée en puissance de la parole dans les sociétés humaines, depuis la préhistoire, et cherchent notamment à comprendre les « points de basculement » qui vont permettre à la parole d'occuper la place centrale qu'elle a aujourd'hui. Le fait que la parole, au sens où nous l'entendons ici, se déploie pleinement dans les sociétés occidentales, celles qui sont, *in fine*, issues de la civilisation mésopotamienne, *via* le monde mycénien puis le monde grec antique, ne doit en aucune manière être interprété comme une spécificité de cette civilisation, mais témoigne simplement de l'histoire singulière du déploiement de propriétés par ailleurs universelles.

Depuis quand l'homme parle-t-il ? Quelle différence entre la parole de l'homme et la communication animale ? Que faisaient les premiers hommes avec leur parole ? Une réponse satisfaisante à ces trois questions, étroitement liées, nécessiterait des connaissances bien plus approfondies que celles dont nous disposons en l'état actuel des recherches. Pourtant, il y a là un enjeu décisif pour toute approche de la parole humaine.

Nous ne savons pas grand-chose de la préhistoire, c'est-à-dire de tout ce qui s'est passé jusqu'à cette période qui commence à nous laisser des traces véritablement interprétables, essentiellement par le biais de l'écriture, qui se révèle à cette occasion une formidable mémoire humaine. Nous ne savons même pas dater la naissance de l'homme, ni définir avec précision les conditions de la rupture qui l'a différencié du règne animal. Nous ne savons surtout même pas définir ce qu'est exactement un homme. Bien des questions restent ouvertes, notamment celle de savoir s'il y a eu progressivité de l'accession à l'humanité ou passage plus rapide, plus radical de l'animal à l'humain.

L'homme a-t-il appris progressivement à parler, passant peu à peu du grognement à peine signifiant au langage articulé le plus moderne ? Ou, à l'inverse, a-t-il été doté d'emblée d'une parole pleine et entière ? Cette accession à la parole s'est-elle faite avec l'*homo erectus* (entre – 1 500 000 et – 200 000), période où les outils deviennent réguliers et symétriques, ou bien avec l'*homo sapiens* (entre – 200 000 et – 30 000), qui a laissé en abondance des traces de cultes, de sépultures, d'offrandes tombales, d'art abstrait et de symbolisme rituel ? Plus on remonte dans le temps, plus la part de spéculation, déjà importante pour les périodes les plus récentes, est immense.

On tranchera ici en soutenant l'idée que l'exercice de la parole (qu'il soit gestuel, oral, ou par tout autre moyen) implique un effet de seuil : on parle ou l'on ne parle pas, et si l'on parle, on parle complètement. Il n'y a pas d'« enfance de l'homme », où il aurait commencé à balbutier avant d'accéder, plus tard, à une parole complète. La première parole est pleine et entière. Elle contient, déjà, l'ensemble des potentialités que l'homme va développer par la suite.

Parole humaine, communication animale

Dès qu'il y a parole, il y a société, c'est-à-dire la mise en œuvre par un groupe d'individus d'actions coordonnées, différenciées et planifiées, en vue de se représenter ou d'intervenir sur le monde, sur le groupe et sur lui-même. La spécificité de l'homme, à la différence des animaux, est qu'il est obligé de « faire société », qu'il lui faut faire un effort, un travail, une intervention délibérée pour maintenir une cohésion sociale. Les sociétés humaines ont cette particularité de se déliter assez vite si le lien social n'est pas entretenu. Ce n'est pas le cas des « sociétés animales ». La différence est essentielle.

La société animale tient debout tant que ses membres observent les registres comportementaux propres à l'espèce. Même si l'animal, parce qu'il est un être vivant (et non une machine), accède à sa manière à certaines formes de conscience, il ne connaît ni la violence (que le lion mange la gazelle n'est pas en soi une violence), ni la guerre civile, ni la guerre entre espèces. À l'intérieur d'une même espèce, les registres comportementaux varient peu selon les groupes, et les membres qui les composent interprètent ces registres de façon très peu individualisée. En somme, les animaux ne connaissent ni la société, ni l'individu, mais plutôt la communauté de l'instinct.

Comme le rappelle Gusdorf, « l'animal ne connaît pas le signe, mais le signal seulement, c'est-à-dire la réaction conditionnelle à une situation reconnue dans sa forme globale, mais non analysée dans son détail. Sa conduite vise l'adaptation à une présence concrète à laquelle il adhère par ses besoins, ses tendances en éveil, seuls chiffres pour lui, seuls éléments d'intelligibilité offerts par un événement qu'il ne domine pas, auquel il participe [1] ». L'animal, donc, ne parle pas. Et s'il ne parle pas, pour le dire autrement, c'est qu'il n'a tout simplement rien à dire. La parole est bien l'axe d'une discontinuité radicale entre l'animal et l'homme.

L'hypothèse de cette discontinuité est un enjeu culturel important. De nombreuses cultures, passées et actuelles, se sont constituées autour de l'affirmation du contraire, à savoir

1. Georges Gusdorf, *La Parole*, *op. cit.*, p. 10.

l'existence d'une continuité entre l'homme et l'animal. L'ethnologie nous décrit en effet de nombreuses sociétés qui font de l'homme le cousin immédiat, membre de la même famille que tel animal (par exemple les sociétés du Grand Nord). Aujourd'hui, sur un tout autre registre, un certain nombre de scientifiques, sous l'influence du paradigme cybernétique, tentent de vérifier l'hypothèse selon laquelle certains mammifères supérieurs formeraient des sociétés composées d'individus différenciés échangeant grâce à un langage symbolique. On a cherché, dans des laboratoires, à apprendre à des chimpanzés un mode de communication leur permettant d'exprimer avec les humains leur individualité et ce que nous appelons ici une parole [2].

Par ailleurs, un certain nombre de personnes entretiennent avec leurs animaux familiers une relation qu'ils peuvent se représenter comme un échange de parole. « Il ne lui manque que la parole » (c'est-à-dire le moyen de communication approprié), dit le lieu commun populaire à propos de l'animal qui semble avoir quelque chose à dire sans arriver à l'exprimer. Diderot met en scène le cardinal de Polignac qui, admirant un jour un orang-outang en cage, lui aurait dit : « Parle et je te baptise ! » Le problème est que l'animal, pas plus que les singes dressés par les scientifiques, ne répondit jamais.

Il faut pourtant reconnaître toute la complexité des sociétés animales qui, pour être privées de parole, n'en sont pas moins de véritables « sociétés de communication ». L'éthologie nous renseigne sur ce paradoxe d'une communication sans parole, mais néanmoins riche, variée, sophistiquée, où le raffinement du signal, de son échange et de son traitement par l'animal fait parfois rêver sur la faiblesse de l'homme dans ce domaine. Combien d'animaux savent par exemple parfaitement bien s'orienter dans l'espace de leur territoire (jusqu'à cette incroyable performance des oiseaux migrateurs parcourant des milliers de kilomètres, ou celle des saumons retournant précisément à la source après avoir traversé des océans), là où l'humain ne retrouve même pas ses clés à coup sûr (quant à

2. Voir Dominique LESTEL, *Paroles de singes. L'impossible dialogue homme-primates*, La Découverte, Paris, 1995.

trouver le nord...). C'est peut-être que les animaux ne sont pas *moins* que nous, mais *autrement* que nous, que leur mode d'être ensemble a suivi une autre voie. On sait maintenant que les singes ne sont pas nos ancêtres, mais relèvent d'une autre branche de l'évolution.

Dans ce sens, et sans vouloir entrer ici dans le débat — si délicat — sur l'euthanasie, on peut dire que même privé de conscience apparente, en état de coma profond par exemple, un homme a toujours une parole, même si celle-ci ne trouve plus son chemin vers la sortie. L'autiste, celui qui ne dit plus rien, celui qui a cessé de communiquer, reste quelqu'un qui a mis sa parole en retrait, à l'abri en quelque sorte de ce qu'il perçoit peut-être comme l'agression de l'extérieur. Un homme qui ne communique plus n'en reste pas moins un être doué de parole et, à ce titre, profondément humain, là où un animal pourra communiquer de la façon la plus complexe qui soit sans pour autant accéder, jamais, à la moindre parole.

Que font les premiers hommes avec la parole ?

Inutile donc, peut-être, d'aller plus loin dans la comparaison de l'homme et de l'animal, qui n'est guère, sur le plan de la parole, pertinente. La discontinuité que nous supposons ici vaut aussi pour l'histoire de l'homme, même s'il est tentant de se dire qu'une certaine forme d'évolution de la communication peut aboutir, à un moment donné, sous la pression de circonstances précises, à l'émergence de la parole.

À quoi sert la parole ? Si l'on suit Gusdorf, il s'agit bien là de « la première des grandes inventions, celle qui contient en germe toutes les autres, moins sensationnelle peut-être que la domestication du feu, mais plus décisive, [...] la plus originaire de toutes les techniques [et qui] constitue une discipline économique de manipulation des choses et des êtres. Une parole fait souvent plus et mieux qu'un outil ou qu'une arme pour la prise de possession du réel [3] ». La prise de possession du réel est bien la promesse que contient la parole. C'est

3. Georges GUSDORF, *La Parole*, *op. cit.*, p. 13.

d'ailleurs bien la preuve que celui-ci nous échapperait sans cela.

Que font les hommes préhistoriques, concrètement, de la parole, quel statut lui donnent-ils ? Gardons-nous de croire que les humains qui nous ont précédés, à quelque étape de l'histoire qu'ils se situent, aient fait avec la parole des choses différentes de ce que nous faisons. C'est pourquoi il faut se garder du fantasme du « grognement primitif » : la parole, je l'ai dit, est d'emblée entière. Elias rappelle à ce sujet que « l'on ne s'identifie généralement pas, bien à tort, avec ces hommes. Des expressions comme l'"homme des cavernes", l'"homme de l'âge de la pierre", le "primitif" ou encore le "sauvage" montrent bien la distance que l'on établit artificiellement entre soi-même et ces autres hommes... Il n'y a pas d'autre justification à cette distance et à ce mépris que l'orgueil irréfléchi qu'ils expriment[4] ».

Cette distance entre le « sauvage » et nous nous empêche de bien comprendre le jeu complexe entre les différences effectives, liées à l'évolution des sociétés humaines, et les permanences, relevant de ce qui est universel en l'homme. Ramassons, pour bien comprendre ce point, les quelques bribes de connaissances dont nous disposons, au moins sur notre ancêtre le plus proche, l'*homo* dit, par un curieux redoublement, *sapiens sapiens*. Pour le reste (l'*homo habilis* ou l'*homo erectus*), nous sommes pour l'instant dans un brouillard spéculatif qui appelle la plus grande modestie, voire le silence. Que savons-nous de l'*homo sapiens sapiens* à partir, donc, d'environ – 100 000 ans, qui nous renseignerait sur ce qu'il fait avec sa parole ? Au moins trois choses.

La première est qu'il vit dans un environnement difficile, notamment sur le plan climatique, caractérisé par l'avancée des glaciers, jusqu'à cet événement qui a peut-être contribué à faire bouger les sociétés humaines vers d'autres formes d'organisations sociales, le réchauffement du climat survenu il y a dix mille ans. Au cours de cette longue période froide, le niveau des mers était beaucoup plus bas qu'aujourd'hui (il y a encore dix-huit mille ans, il était à 110 mètres en dessous du

4. Norbert ELIAS, *La Société des individus*, Fayard, Paris, 1991, p. 225.

niveau actuel). La plupart des terres émergées formaient donc un vaste continent soudé, y compris l'Amérique, relié à sec par le détroit de Behring. La première mondialisation est bien celle que connaît l'*homo sapiens sapiens*, qui va pouvoir ainsi peupler l'ensemble de la planète, par vagues de migrations successives.

De multiples langues

La deuxième chose que nous savons un peu concerne le mode de vie des groupes humains d'alors. Ils sont peu nombreux, probablement regroupés en hordes de vingt à cinquante individus, autour de plusieurs unités familiales. Leur mode de vie est celui de chasseurs-cueilleurs. Ils doivent donc disposer d'un territoire à la fois de chasse et de cueillette assez vaste. L'espérance de vie est faible, la mortalité infantile forte et les maladies très présentes. Ces groupes soit sont nomades, soit — ce qui n'est pas contradictoire — se séparent régulièrement pour essaimer. On peut en effet imaginer que les hordes devenues trop importantes pour un territoire donné se scindent et se séparent géographiquement.

Il semble clair en tout cas que les hommes ne se regroupent pas dans des grands ensembles de peuplement, mais au contraire parcourent la planète au point de la coloniser entièrement. Les groupes humains entretiennent de très nombreux contacts entre eux, comme tendent à le montrer les nombreux exemples d'activités de colportage collectés par Louis-René Nougier[5]. On a retrouvé, pour ne citer que ce cas, des dents de requins (peut-être à usage de parure) à 800 kilomètres de tout bord de mer de l'époque, alors même que les obstacles naturels (montagnes, fleuves) constituaient des obstacles ralentissant considérablement la marche. Les « styles graphiques », à partir de – 30 000 ans, témoignent à de grandes distances de réseaux d'influence mutuelle ; on peut parler d'« osmose technologique », de proche en proche, sur tous les points de la planète.

On peut tirer également, de ce que la linguistique nous apprend sur l'évolution propre des langues dans des groupes

5. Louis-René NOUGIER, *L'Essor de la communication*, *op. cit.*

humains séparés, la conclusion que ces groupes parlaient des langues différentes, plus ou moins proches (on compte encore aujourd'hui, malgré la disparition rapide de beaucoup d'entre elles, cinq mille langues parlées sur la planète). On peut noter là d'ailleurs une autre différence essentielle avec les sociétés animales, que remarque Elias : la capacité des hommes à créer des « modes de communication qui ne réunissent pas les membres de toute l'espèce, mais uniquement les représentants de certains groupes partiels. Cette disposition biologique, la capacité organique d'apprendre une langue qui ne sert de moyen de communication et n'est compréhensible qu'à l'intérieur d'une seule société, et n'est généralement pas comprise des autres hommes à l'extérieur de cette société, est une invention unique de l'évolution biologique [6] ».

Des sociétés du « nous »

La troisième chose que nous savons, du moins que nous pouvons déduire de certaines observations, est que l'homme disposait, à l'intérieur de ces hordes, de systèmes de représentation du monde qui fournissaient sens et cohérence sociale, et qui étaient propres à chaque groupe humain. On commence à enterrer les morts vers – 100 000 ans, pour des raisons qui n'ont *a priori* rien à voir avec l'hygiène : la ritualisation de la mort accompagne sans doute une ritualisation de la vie au sein d'un système cohérent. Selon l'anthropologue Joëlle Robert-Lamblin, l'analyse des peintures de la grotte Chauvet montre qu'un tel système met en œuvre un dualisme cohérent, une continuité symbolique entre l'homme et l'animal, une pratique de nature chamanique [7]. Il n'en faut pas plus pour attester l'existence d'une véritable « société de parole ».

On aurait pu ajouter à cet argumentaire l'existence d'outils de plus en plus sophistiqués, dont l'invention, la fabrication, l'usage et la transmission impliquent à l'évidence des processus d'objectivation déjà contenus dans la parole. Faut-il

6. Norbert ELIAS, *La Société des individus*, *op. cit.*, p. 226.

7. Joëlle ROBERT-LAMBLIN, « Un regard anthropologique », *in* Jean CLOTTES (dir.), *La Grotte Chauvet. L'Art des origines*, Seuil, Paris, 2001.

voir dans l'outil la matrice de la parole, ou peut-être, plus audacieusement, l'inverse, ce qui nous conduirait à voir dans la parole le premier outil d'où dépend l'invention de tous les autres (voir *supra*, chapitre 4) ? Tout indique, en bref, que les sociétés paléolithiques sont déjà, en un certain sens, totalement modernes.

Les conditions de vie dans lesquelles ces premières sociétés humaines étaient plongées impliquent toutefois une différence essentielle avec les sociétés actuelles. Cette différence, qui concerne directement le statut de la parole, notamment de la parole individuelle, tient à l'étroite dépendance des individus par rapport au collectif. Étudiant l'évolution du rapport « je-nous » dans l'histoire des sociétés humaines, Norbert Elias remarque, à propos de la vie au paléolithique : « Dans ce monde où le rapport de force entre les groupes humains et les représentants bien plus nombreux de la nature extérieure à l'homme n'était pas encore équilibré, où le rapport de force entre créatures humaines et autres créatures n'avait pas encore aussi résolument penché en faveur de l'homme qu'il le fit par la suite [...], le groupe revêtait pour l'individu une fonction protectrice absolument indispensable en même temps qu'indéniable. Dans un monde où les hommes étaient perpétuellement soumis à la menace d'animaux physiquement plus puissants et parfois même plus rapides et plus agiles, un individu seul entièrement remis à lui-même n'aurait guère eu de chances de survie... La vie collective revêtait donc aussi chez l'homme une indispensable fonction de survie [8]. »

Nul doute que le statut de la parole, dans ces sociétés où le « nous » l'emporte largement sur le « je », ne soit directement et clairement orienté vers la construction de tous les moyens matériels — et surtout symboliques — pour garantir cette survie et exorciser ce qui la menace.

L'histoire de l'humanité est-elle celle d'un déplacement du rôle de parole : importance croissante ou rôle nouveau ? Sous cet angle, en tout cas, un long chemin mène des sociétés préhistoriques (du moins des groupes humains qui font société) aux sociétés « primitives », puis « modernes ».

8. Norbert ELIAS, *La Société des individus*, *op. cit.*, p. 225.

Dans les mondes primitifs

Dès que l'on évoque le statut social de la parole, la place qu'elle prend dans une société donnée, de multiples confusions s'installent, liées en partie, nous l'avons vu, au sens ambigu du mot parole. Le lien trop étroit de son sens habituel avec l'oralité fait que l'on convoque rapidement les « sociétés primitives » comme l'exemple idéal de sociétés de la parole. À l'opposé des sociétés occidentales modernes, bureaucratiques et saturées par l'image, les sociétés archaïques apparaissent aux yeux de beaucoup comme un éden de la parole orale.

Notre rapport aux sociétés primitives est ambivalent. D'un côté, nous y voyons le lieu d'une sauvagerie, d'une violence sans égale, parfois même anthropophage ; et, de l'autre, nous croyons y reconnaître une sorte de paradis originel d'avant la communication. Comme le disait de manière très romantique le psychanalyste David Cooper, au cœur des années 1960, « avant la communication, il y avait la communion » ! Le primitif serait donc l'homme de la palabre permanente, dans une société hédoniste bienheureuse, vivant près de la nature. Ces deux catégories contradictoires — l'anthropophage rustre et le bon sauvage — se réunissent dans une vision exotique des sociétés primitives, parfaits objets de médiocres documentaires télévisés pour les programmes de l'après-midi.

La parole primitive

Le terme « primitif » est lui-même porteur de cette ambiguïté, au point que certains sont maintenant gênés de l'employer pour désigner une société humaine différente des sociétés modernes. L'emploi de ce terme ne devrait pas faire problème, si ce n'était notre culpabilité occidentale qui vénère l'euphémisme. On peut même soupçonner, comme le fait l'anthropologue britannique Mary Douglas, que, « lorsque nous évitons le mot "primitif", notre délicatesse professionnelle [elle parle ici des anthropologues, mais on peut généraliser] provient du fait que nous sommes secrètement convaincu de notre supériorité [9] ». Le terme « primitif » renvoie en effet à une sorte d'arriération et peut même connoter l'infériorité (le racisme n'est pas loin).

Mais quand on parle par exemple d'« art primitif », on veut surtout évoquer une sorte de dimension « authentiquement fondamentale » de l'art après laquelle nous ne ferions que courir et dont nous ne ferions que nous éloigner chaque jour un peu plus. Il faudrait donc s'habituer à ce que « primitif » ne signifie ni devant, ni derrière, ni moins, ni plus, ni inférieur, ni supérieur : les sociétés « primitives » sont simplement des sociétés différentes des nôtres, car il s'y déploie d'autres modalités d'être ensemble et surtout, peut-être, un autre rapport à la parole.

Quoi qu'il en soit, et à cause de cette ambiguïté même, la parole est toujours considérée comme ayant un statut central dans ces sociétés, statut qui se serait dégradé au fil du temps et que la modernité aurait en grande partie écrasé. Il est donc nécessaire de regarder la réalité des sociétés primitives d'un œil plus objectif et moins romantique. La remarque que nous avons déjà faite dans le contexte de la préhistoire vaut ici tout autant : la *capacité* à mettre en œuvre le langage, les moyens de communication, à déployer la parole est la même pour les hommes et les femmes de ces sociétés que pour ceux des sociétés modernes. Nous sommes là dans un invariant anthropologique. La parole est bien la réalité la mieux partagée dans le temps et dans l'espace. Il n'y a pas dans ce domaine de « parole prélogique » qui serait celle des primitifs, ou encore de « psychologie infantile » face à une modernité « adulte ».

Mais cette capacité doit se regarder en termes de *potentialité* plus ou moins actualisée. Car ce que l'on fait avec la parole, comme nous allons le voir, dans les sociétés primitives, est assez différent — et, sur certains plans, assez incompréhensible — de ce qu'en font les sociétés modernes. À l'évidence, le statut de la parole y est très différent. Un exemple central de ce phénomène est le fait que, dans un certain nombre de sociétés primitives, sinon toutes, on *parle aux objets*, qu'ils

9. Mary DOUGLAS, *De la souillure. Essai sur les notions de pollution et de tabou*, Maspero, Paris, 1971 (rééd. : La Découverte, Paris, 2001, p. 92).

soient façonnés ou naturels. On y parle également aux animaux et aux esprits. Il y a là une différence essentielle car, dans les sociétés modernes, nous ne parlons plus guère aux objets. Les quelques conjurations ou insultes que nous adressons à des machines récalcitrantes sont des exceptions qui n'invalident pas vraiment la règle générale, car nous ne croyons pas vraiment qu'elles ont la capacité réelle de se laisser influencer par de tels propos.

Les sociétés actuelles peuvent être décrites comme des sociétés où l'*on ne parle qu'aux humains* et donc qu'entre humains. La parole y est perçue comme n'étant qu'à destination des humains. C'est que nous vivons, dans une certaine mesure, séparés du monde qui nous entoure. Cette objectivation, dont nous aurions tendance spontanément à croire qu'elle est naturelle, est le fruit d'une évolution spécifique de certaines sociétés humaines. Elle est probablement à l'origine du sentiment de solitude que l'homme moderne ressent parfois dans la nature, ce qui n'est jamais le cas de l'homme primitif. Nous communiquons certes avec d'autres espèces, les animaux familiers par exemple, et parfois nous avons le sentiment de communiquer avec la nature, mais jamais nous n'échangeons de parole ni avec les animaux, ni avec la nature. Et s'il nous arrive de leur parler, nous savons bien que ces paroles sont sans écho. L'homme moderne n'a que lui-même à qui parler.

Le monde comme un tout

Tel n'est pas le cas de l'homme primitif, qui vit, comme le dit Mary Douglas, dans une société où « les choses ne sont pas distinctes des personnes [10] » ; et où « le moi n'est pas conçu comme un agent séparé, [...] une source autonome d'action et de réaction [11] ». Un anthropologue, cité par Mary Douglas, remarquait, après une longue marche faite avec des aborigènes australiens, que ceux-ci ne se déplacent pas dans un paysage, mais dans un espace humanisé, saturé de significations.

10. *Ibid.*, p. 102.
11. *Ibid.*, p. 100-101.

Même s'il existe d'importantes différences au sein des sociétés primitives — comme d'ailleurs au sein des sociétés modernes —, toutes sont des sociétés dans lesquelles l'univers, homme inclus, est un tout indissociable, où chaque événement est en lien avec les autres. L'anthropologue Louis Dumont parle à ce sujet de « sociétés holistes » pour désigner le fait qu'elles se perçoivent comme constituant une totalité organique. L'homme se différencie assez peu de son environnement aussi bien que de la société au sein de laquelle il vit.

Ainsi « les chasseurs cheyennes croyaient que les buffles, dont ils tiraient leur principale subsistance, souffraient de l'odeur fétide qu'exhalait un homme qui avait assassiné un membre de sa tribu et ils pensaient que les buffles fuyaient de tels individus, compromettant ainsi la survie de la tribu. Par contre, les buffles passaient pour indifférents à l'odeur de l'assassin d'un étranger [12] ». Cet exemple montre bien l'univers de liens serrés dans lequel vivent les membres de ces groupes.

Cette interpénétration de l'homme et de son environnement a des conséquences importantes, car elle limite de fait l'autonomie de son action, et donc de sa parole. Dans les sociétés archaïques, la parole n'a guère de place, où, pour le dire autrement, sa place est fixée. À titre d'exemple, voici comment Mary Douglas analyse le processus de discussion autour de la maladie et de la mort dans une société archaïque, et comment, notamment, « les gens expliquent le malheur » : « Par exemple, une femme meurt ; ses proches demandent pourquoi. Après avoir considéré bon nombre de situations, l'anthropologue remarque que, pour chaque malheur, il existe un répertoire fixe de causes possibles. Parmi celles-ci, une théorie plausible est choisie, qui détermine un répertoire fixe d'actions obligatoires. Les communautés tendent à être organisées selon quelques schèmes dominant d'explication [13]. »

Dans le monde grec, on remarque, à travers les textes d'Homère qui nous parlent de l'homme d'avant la révolution démocratique, combien, comme le dit l'historien Richard

12. *Ibid.*, p. 104.
13. *Ibid.*

B. Onians, « tous ses héros se considèrent toujours, malgré leur vitalité et l'activité extraordinaire qu'ils déploient, comme des instruments passifs, des victimes d'autres puissances, et non comme des agents libres. [...] L'individu a l'impression qu'il ne peut dominer ses propres émotions. Qu'une idée, une émotion, une impulsion lui vienne, et il réagit en conséquence, se réjouit ou se lamente. C'est un dieu, dit-il, qui l'a inspiré ou aveuglé. Il prospère puis s'appauvrit, peut-être devient-il esclave ; il est emporté par la maladie ou tué au combat. Tout cela est ordonné par les dieux, et son sort est décidé depuis longtemps [14] ».

Même chose dans l'ancien système des castes en Inde, où la position des étoiles le jour de sa naissance détermine et fixe les grands traits de l'ensemble de la vie d'un individu. Dans de telles configurations, le devin peut tout au plus dire ce qui va arriver, mais ce savoir ne modifiera pas fondamentalement le destin tel qu'il est écrit. Peut-on en déduire pour autant que la parole n'est pas un grand support de l'action et que les membres de ces sociétés sont affligés de passivité chronique ? Certes, le fatalisme n'est pas toujours un bon guide pour l'action, mais l'observation des sociétés primitives montre que nous avons affaire à des réalités plus complexes. Car la parole semble bien y avoir, malgré tout, une position centrale. C'est que le point d'application de l'action n'y est pas le même que dans d'autres sociétés.

La reconnaissance d'un rôle central

La parole dispose, au sein d'un certain nombre de tribus, d'un rôle d'opérateur dans lequel certains auteurs ont cru reconnaître des fonctions magiques. Lorsqu'on cherche malgré tout à influencer le destin, à lutter contre des forces malfaisantes ou contre la maladie, c'est bien la parole qui constitue le meilleur recours. Il n'y a en effet pas une culture primitive connue, passée ou présente, qui ne porte en son sein

14. Cité par Mary Douglas, *De la souillure*, *op. cit.*, p. 101.

l'intuition du rôle essentiel joué par la parole, d'une connivence étroite entre la parole et l'humain.

L'ethnologie nous montre, quelle que soit la zone géographique couverte, quel que soit le groupe humain étudié, que toutes les sociétés voient dans la parole un « signe d'humanité ». Comme l'explique l'ethnologue Gaëlle Lacaze, dans un travail sur les représentations du corps en Mongolie, « le rituel sanctionnant l'acquisition du langage chez l'enfant marque la fin du sevrage [15] ». La parole « manifeste la présence dans le corps de la force vitale et est un gage de bonne santé de l'âme. Dès qu'il parle, l'enfant est donc censé posséder une âme individualisée ». La parole fait l'homme.

Dans une tout autre zone géographique, en Afrique de l'Ouest, Marcel Griaule, dans un immense travail sur les Dogons, qui depuis fait autorité et a suscité bien des vocations [16], montre l'importance de la parole dans le système symbolique de cette culture. Dans la description qu'en fait le vieux sage Ogotemmêli, la civilisation dogon apparaît, selon Geneviève Calame-Griaule, comme une « civilisation du Verbe ». « La nature de la parole, ajoute-t-elle, son origine divine, son rôle à la fois métaphysique et social, ses rapports avec les éléments du cosmos et ceux de la personne [...] devaient attirer l'attention des chercheurs sur l'importance de ces notions dans les cultures traditionnelles [17]. » Le statut de la parole est donc très important dans cette société. Trois exemples permettent d'illustrer ce fait.

D'abord, la cosmologie dogon fait une place à l'idée d'un progrès historique interne à la parole. Selon Ogotemmêli, le premier langage avait une syntaxe élémentaire, un verbe rare, un vocabulaire sans grâce. Les mots étaient des « souffles peu différenciés, mais cependant porteurs de force ». On se trouve là en face d'une conception très avancée de la parole, puisqu'elle est prise dans une historicité, qui suppose la conscience d'une évolution, d'un progrès. Il est question chez

---

15. Gaëlle LACAZE, « Rite de renouveau ou fête nationale. La lutte et le tir à l'arc dans les jeux virils mongols », *Études mongoles et sibériennes*, n° 30-31, 2000.

16. Marcel GRIAULE, *Dieu d'eau. Entretiens avec Ogotemmêli*, Fayard, Paris, 1966.

17. *Ibid.*, p. 9.

les Dogons d'une « première parole », frustre, associée à une technique simple, celle de la fibre non nouée et non tissée, parole qui mélange la fibre brute et l'humidité. La « seconde parole » émane du tissage, jusqu'à la « troisième parole », « claire et parfaite ». Les Dogons affirment ainsi la conscience qu'ils ont une histoire, à travers l'histoire de la forme prise par leur propre parole.

Ensuite, la parole y est perçue comme prise immédiatement dans une technicité, comme en témoigne ce pan de la mythologie dogon, en même temps merveilleusement chargé de poésie : Ogotemmêli raconta à Marcel Griaule l'histoire du « septième génie », qui expectora des fils de coton et se servit de ses dents comme de peignes d'un métier à tisser. En même temps que les fils se croisaient et se décroisaient, formant ainsi progressivement une étoffe, le septième génie parlait et les mots qu'il prononçait étaient tissés dans les fils eux-mêmes. L'étoffe, en langue dogon, se nomme *soy*, qui signifie : « C'est la parole. »

Enfin, comme le note Griaule, « le rôle de la parole était d'organisation : elle était donc une bonne chose [18] ». La parole est ce qui apporte un progrès au monde, qui le met en ordre. Ces trois conceptions, sans être centrales dans le système symbolique dogon (bien qu'Ogotemmêli dise que « la parole est la chose la plus importante au monde [19] »), n'en attestent pas moins un statut de la parole qui la lie à une technicité, une historicité et une capacité de transformation positive de l'ordre des choses.

Les Dogons ne sont pas une exception dans le monde riche et varié des cultures primitives. Et même si toutes ne partagent un tel statut de la parole, il est rare que celle-ci ne se voie pas accorder un privilège central.

18. *Ibid.*, p. 27.
19. *Ibid.*, p. 64.

La parole du chaman : un espace de transposition

Le chamanisme (souvent considéré comme une forme archaïque de religion dans de nombreuses cultures primitives) accorde une place centrale à la parole dans beaucoup de rites et de cérémonies destinés à réparer un ordre malmené, qu'il s'agisse de conflits à l'intérieur d'un groupe ou de maladies individuelles, les deux étant souvent liés dans un destin unique. Ainsi, dans les années 1960, l'anthropologue Victor Turner fait la description d'une « guérison chamanique » chez les Ndembu de Zambie [20]. Le malade se plaignant de douleurs dorsales aiguës, de palpitations et d'affaiblissement général, le chaman s'informa de l'histoire passée du village et réunit ses habitants afin que chacun exprime publiquement ses griefs contre le malade. Il faut préciser que ce dernier se plaignait également de l'hostilité des autres villageois. Il pouvait à son tour répondre et exposer ses propres griefs. Pendant ce temps, le chaman faisait semblant d'extraire une dent au malade et lui appliquait des ventouses. Au comble de la cérémonie, le malade perdit connaissance puis se retrouva guéri. Chacun le félicita alors pour sa guérison, et se congratula aussi pour le rôle qu'il y avait joué. Ce « traitement » permit de découvrir les principales sources de tension du groupe et de réintégrer le malade dans les activités du village.

Cet exemple permet de mieux comprendre certains aspects de la « magie » primitive. Notre malade était bien malade, mais en même temps personne n'était dupe quant au contenu de la cérémonie : il n'y avait pas de « magie » aux yeux de ceux qui y participaient — l'adhésion aux « croyances magiques » est une représentation typiquement occidentale du fonctionnement des cultures primitives —, et tous avaient une claire conscience qu'ils étaient en train de reconstruire collectivement un ordre social et symbolique dont l'effondrement constituait une menace — et pas uniquement pour le malade.

Celui-ci peut néanmoins être l'unique centre de l'attention du chaman, comme le montre la description par Claude

20. Cité par Mary DOUGLAS, *De la souillure*, *op. cit.*, p. 88 *sq.*

Lévi-Strauss d'une chanson des chamans Cuna du Panam destinée à soulager les souffrances d'une mère lors d'un accouchement difficile [21]. Au début, les paroles de la chanson évoquent les difficultés de la sage-femme et son appel au chaman. Ensuite, celui-ci emmène tout le monde en parole vers la maison du *Muu*, puissance responsable du fœtus qui a capturé l'âme de la malade. Suit enfin l'évocation, en quelque sorte en direct, de la lutte menée par le chaman contre le *Muu* jusqu'à ce que celui-ci, vaincu, libère l'âme captive et que la mère puisse enfin accoucher et être délivrée. C'est bien dans son périple en parole, dans les profondeurs de l'utérus que le chaman a remporté sa victoire.

Le rôle de la parole, ici, comme à sa manière dans l'exemple précédent, est d'offrir un espace de transposition d'une situation jugée anormale, d'un désordre que l'on va ainsi mettre en scène dans des mots ordonnés, tissant un système symbolique qui permet le retour à l'ordre, donc à la guérison.

La relativité de la magie

La parole, loin d'être « magique » et « irrationnelle » (à nos yeux), tente ainsi de répondre concrètement à la question de la maladie et du désordre. On aurait tort de croire qu'il s'agit là d'une naïveté ou d'une pensée peu logique. Tort également de croire qu'il y aurait là des recettes et des modes de guérison, oubliés maintenant, mais qui étaient plus efficaces que la médecine moderne. On meurt beaucoup de maladies dans ces sociétés. D'ailleurs, une fois mis au contact de la médecine moderne, les membres de groupes primitifs rechignent très peu à l'utiliser, car ils en constatent aisément l'intérêt ; mais ils jouent en général de façon très pragmatique sur les deux tableaux, du moins pour ce qui concerne la santé.

Le recours à la « parole magique » constitue donc ce qu'un groupe peut faire de mieux dans une situation donnée et au sein d'un système de représentation du monde qui tisse entre chacun de ses composants, humains compris, des liens serrés.

---

21. Claude LÉVI-STRAUSS, « L'efficacité symbolique », *in Anthropologie structurale*, Plon, Paris, 1974, p. 205-226.

Invoquer la pluie par des paroles appropriées sert autant à maintenir la cohésion d'un groupe humain menacé par la sécheresse qu'à la faire venir effectivement. Mary Douglas raconte ainsi la mésaventure d'un anthropologue australien qui, voyant la pluie venir immédiatement après une cérémonie qui, justement, l'invoquait, se hasarda à demander aux aborigènes concernés s'ils voyaient un lien entre les deux événements : ceux-ci se moquèrent de lui pendant longtemps, imaginant qu'il les avait pris pour des idiots...

Il faut se méfier des apparences : une danse de pluie peut avoir un autre objet que celui qui est affiché. Et tant mieux si, en plus, il pleut... Nous sommes pris à notre propre piège rationnel, exigeant que les constructions symboliques complexes élaborées par les « primitifs » soient un reflet objectif et référentiel d'un réel observé en toute neutralité, en dehors de toute subjectivité et de toute question d'ordre social — bref, qu'ils fassent comme nous.

Or, comme le dit très bien Mary Douglas, « les primitifs ont déjà résolu, depuis des générations et avec plus ou moins de bonheur, leurs problèmes techniques. La seule question d'actualité qui se pose à eux est celle-ci : comment organiser les gens et soi-même par rapport à autrui ? Comment contrôler une jeunesse turbulente ? Comment obtenir ce à quoi on a droit ? Comment éviter l'usurpation de l'autorité ? Et comment justifier cette autorité ? Pour atteindre ces buts sociaux et pratiques, les primitifs font appel à toutes sortes de croyances [...]. La vision primitive de l'univers [...] est donc rarement l'objet de contemplation et de spéculation de la part des primitifs [22] ».

Au final, que pouvons-nous conclure quant au statut de la parole dans les sociétés primitives ? D'un côté, un rôle central lui est reconnu : elle est signe d'humanité, opérateur du réel, consciente d'elle-même dans sa capacité de progression. D'un autre côté, sa portée est limitée : elle est toujours enchaînée à un cadre qui la dépasse et ne dispose que d'une marge de manœuvre assez faible. Elle peut servir à interpréter le destin, à maintenir un équilibre social dans un environnement qui le

22. Mary DOUGLAS, *De la souillure*, *op. cit.*, p. 108.

menace, mais elle s'arrête au seuil d'une différenciation possible entre soi et le monde, entre soi et les autres. C'est quand l'homme commence à cesser de parler à l'univers tout entier comme s'il faisait partie de lui-même qu'un processus d'objectivation et de différenciation de la parole se met en route.

7

Une rupture civilisationnelle

Le statut de la parole dans les sociétés préhistoriques, comme dans les sociétés primitives, est radicalement différent de ce qu'il est dans les sociétés modernes. Entre les deux, est intervenue une rupture majeure : nous sommes passés d'une parole mythique, incluse et figée dans le plein et la totalité du mythe — ou, pour le dire autrement, d'une parole mythique qui englobe l'individu —, à une parole qui se forme de plus en plus librement et de plus en plus près des individus.

Le premier effet de cette rupture, qui s'opère dans le passage entre le stade atteint par les sociétés primitives et celui des premières civilisations, est de donner à la parole le rôle d'un outil de pouvoir sans précédent : le gouvernement des choses et des êtres va désormais passer par un exercice nouveau de la parole, prise à son tour dans le jeu d'une société certes civilisée, mais d'abord profondément inégalitaire. La parole va devenir, dans sa capacité d'organisation et de transformation du monde, la chose la moins bien partagée, car captée par la nouvelle autorité, celle des princes, des rois, de tous ceux qui se placent au centre du nouveau monde inventé par la civilisation.

Il faudra attendre une autre rupture encore pour que la parole soit prise dans un nouvel univers de valeurs qui s'inventent en se pratiquant et vont s'organiser autour d'un thème majeur, contemporain de l'invention démocratique, et qui va marquer tout le statut ultérieur de la parole : la *symétrie*. Une nouvelle contradiction se met en place en même temps, qui n'a pas son équivalent dans les sociétés primitives, ni même dans les premières sociétés civilisées. Prise dans un univers de valeurs, c'est-à-dire dans un idéal, la parole se voit confrontée à la contradiction entre espoir et réalité, entre réalisation partielle et totalité d'une utopie, entre progrès et persistance de l'archaïsme.

Le monde grec ancien sera le premier à vivre cette contradiction, une tension paradoxale entre l'idéal de douceur et de symétrie, portée par la parole démocratique et la réalité persistante de la brutalité des rapports sociaux, marquée par le recours à la vengeance et par l'inégalité, maintenue pour l'essentiel, des rapports de pouvoir. Mais nous sommes passés, à cette occasion, d'une parole en partie inconsciente d'elle-même, ne se prêtant pas à une autoréflexivité, à une mise en observation systématique de la parole et de ce qu'elle permet de faire. Dès lors, rien ne sera plus comme avant.

Ce passage s'est opéré plus ou moins rapidement, selon les types de société dans les différentes régions du monde concernées. Le nouveau statut de la parole est étroitement dépendant du contexte des transformations sociales qui vont former, pièce à pièce, par un jeu d'assemblage, d'avancées et de recul, ce qu'il est convenu d'appeler la modernité. La naissance de la démocratie, ses hésitations et ses percées fulgurantes, la constitution d'un lien social de type individualiste, laissant toute sa place à l'individu et inversant le rapport entre le « je » et le « nous », la modification en profondeur du rapport à la violence, qui va désormais être considérée comme relavant d'une « souillure », constitueront autant d'éléments qui donneront à la parole moderne son statut si particulier.

La parole au cœur d'une rupture civilisationnelle

Il n'est pas facile de décrire le passage qui propulse une société donnée d'un stade primitif à celui de civilisation. Chaque société humaine conjugue de façon à la fois particulière et universelle ce saut qui lui fait quitter un monde pour entrer dans un autre, sans que le retour en arrière soit possible. La totalité symbolique dans laquelle un groupe humain est pris, lorsqu'il vit sous un tel régime, ne se reconstitue en effet jamais une fois qu'elle a été brisée. Il est sans doute impossible de revenir à une inclusion totale dans la parole mythique, une fois que celle-ci cesse d'opérer son rôle de totalité englobante.

Ce que l'on a coutume d'appeler la « civilisation » (et il faut bien se garder sur ce point de donner à ce terme un sens qui l'opposerait à la « sauvagerie » supposée des « primitifs ») est né historiquement à plusieurs endroits de la planète, à des périodes différentes mais assez proches, globalement entre – 6 000 et – 2 000 ans par rapport à aujourd'hui. On trouve tout à la fois en Amérique centrale, puis du Sud, dans le nord de l'Inde et en Chine, ainsi que dans le bassin mésopotamien et sans doute en Afrique, les traces de transformations radicales affectant à chaque fois localement des sociétés qui jusque-là étaient des sociétés de chasseurs-cueilleurs, parfois de pasteurs et de cultivateurs.

Où qu'elles soient nées géographiquement, les premières civilisations présentent des caractéristiques communes qui les distinguent assez radicalement des formes d'organisation en petites bandes de plusieurs familles ou de tribus plus importantes numériquement qui couvraient jusque-là la planète. Le fait essentiel est sans doute que ces nouvelles sociétés s'organisent systématiquement autour d'un *centre*, et que ce centre est un centre de pouvoir.

Comme le rappelle l'anthropologue américain Lawrence Keeley, il faut attendre la fin de l'organisation sociale tribale pour voir apparaître le pouvoir en tant que tel : « Les tribus regroupent des entités de ce type ou des groupes familiaux qui s'unissent pour la guerre. Si les dirigeants de ces tribus peuvent être appelés "grands hommes" ou chefs, ils n'en sont pas pour autant des personnages politiques "professionnels" et exercent plus souvent une influence qu'un pouvoir réel au sens où nous l'entendons. La plupart du temps, il n'existe aucune organisation politique centralisée, si ce n'est — et encore de manière informelle — des "conseils d'anciens" ou de chefs locaux [1]. »

La société palatiale

L'idée d'une société centrée, regroupée autour d'un pouvoir englobant n'est sans doute pas étrangère aux grands récits religieux qui naissent à cette occasion, par exemple à Babylone, ou dans la version égyptienne que lui donnera le pharaon Akhenaton, et qui vont conduire à l'invention du monothéisme. Cette doctrine religieuse suppose, on le sait, un Dieu unique, au centre de la société, mais, dans la version que lui donneront les Juifs, non visible, non représentable, présent et absent à la fois. Dieu est au centre de la société, mais si élevé et si transcendant que ce centre reste malgré tout disponible, si l'on peut dire, pour d'autres aventures, d'autres innovations.

Ce centre se concrétise généralement par une construction massive, qui ne répond à aucun besoin social immédiat : temple, palais, pyramide, quel que soit le choix architectural fait localement, le principe est le même, celui d'un édifice central autour duquel l'habitat s'organise et qui est visible de loin. La première caractéristique de la civilisation, à l'inverse du discret habitat primitif, tout inséré dans la nature, est qu'on la voit de loin car elle construit en hauteur.

La société qui se livre à une telle construction se situe en général dans des terres ou des régions fertiles, qui dégagent plus de nourriture qu'il n'en faut à chaque travailleur de la terre pour se nourrir. Elle s'organise également souvent autour de grands travaux d'irrigation, comme en Chine. On peut donc nourrir des parties notables de la population affectées à la construction d'un temple (Inde), d'un palais (Mésopotamie) ou d'une pyramide (Égypte, Amérique centrale et du Sud). Ces ressources supplémentaires sont collectées, accumulées et

1. Lawrence Keeley, *Les Guerres préhistoriques*, Le Rocher, Paris, 2002, p. 56.

gérées par ceux qui se spécialisent dans ce que l'on appellerait aujourd'hui une administration.

L'historien français Jean-Pierre Vernant nous décrit ainsi la civilisation mycénienne, en Grèce, où l'ensemble de la vie sociale est « centré » autour du palais, « dont le rôle est tout à la fois religieux, politique, militaire, administratif, économique [2] » ; et qui, comme toutes les civilisations qui remplacent progressivement un système tribal dans lequel une telle notion est inconnue, invente non seulement un système de pouvoir concentré, mais la pratique même de l'exercice du pouvoir.

L'émergence de la parole de pouvoir

L'émergence du pouvoir comme nouveau mode d'organisation sociale implique celle d'une *parole du pouvoir*, ou, pour le dire autrement, d'un nouvel usage de la parole qui devient ainsi un outil de transformation de la réalité sociale, un outil d'intervention sur les hommes dans une mesure qui n'avait jamais été atteinte jusque-là : la parole cesse d'être polycentrée, répartie assez également entre ceux qui sont les interprètes d'une partition mythique collective, pour se muer en parole centrale, parole d'en haut.

L'institution d'un centre, autour duquel s'organise la ville, nouvelle invention elle aussi, s'opère à l'intérieur d'une vision globale d'un monde à étages, doté d'un haut et d'un bas, d'une hiérarchie stricte en castes ou en classes, c'est-à-dire d'un système de représentation qui emprunte sous certains aspects aux formes du mythe primitif mais qui s'en sert pour justifier l'exercice d'un pouvoir profondément inégalitaire. Le souverain d'un tel monde est doté d'un pouvoir très étendu et il est dans une position de médiateur entre le monde de l'au-delà et celui des humains, souvent dans une position de dieu vivant, seul promis par exemple à une vie après la mort.

Cette nouvelle configuration sociale et religieuse suppose donc un centre à la fois plein et dominant, un monde

---

2. Jean-Pierre VERNANT, *Les Origines de la pensée grecque*, PUF, Paris, 1962, p. 18.

profondément inégalitaire dans l'essence même de ces conceptions. Nous ne sommes plus là tout à fait dans les conceptions qui dominent les sociétés primitives, plus égalitaires dans leurs fondements et surtout ne connaissant pas le pouvoir comme forme d'organisation sociale. Une rupture essentielle est passée par là, celle de la civilisation en gestation et des premières formes politiques de l'État. Dans un tel contexte, le statut de la parole subit de profondes modifications au moins sur deux plans essentiels.

D'abord, la parole se découvre comme un instrument de pouvoir, capable, du simple fait d'être tenue, de changer l'ordre des choses et surtout des réalités humaines. Elle se découvre source de l'action. Le souverain de ces « civilisations palatiales » peut rendre la justice, décider de l'administration des choses et des hommes. La parole rejoint l'univers de la décision humaine. Elle peut être application d'une volonté. La parole tue, gracie, prend, redonne, distribue, promeut, organise. Bien sûr, son exercice est toujours pris dans un système symbolique qui le limite, mais elle n'en acquiert pas moins un pouvoir largement autonome. Cette parole-là est toujours une parole du centre et le prix payé pour cette autonomisation est sans doute, dans le contexte d'une immense inégalité sociale, sa concentration dans les mains d'un seul et de la petite aristocratie qui l'entoure.

La seconde modification qui distingue cette nouvelle parole de la parole primitive est son institutionnalisation dans un système de trace et de conservation inédit, qui accompagne pratiquement toutes les poussées de civilisation dans le monde. La civilisation invente l'écriture. Mais l'émergence de ce nouveau moyen de communication n'a pas de valeur en elle-même : elle n'a de sens que comme outil d'un nouveau rapport à la parole, qui va désormais se déployer à la fois à l'oral et à l'écrit. Contrairement à ce que l'on dit généralement sur ce sujet, ce n'est pas l'invention de l'écriture qui a changé notre rapport à l'oral, mais bien un changement de statut de la parole (au-delà de l'oral) qui va engendrer l'écriture et lui donner tout son sens.

L'écriture, d'abord idéographique puis alphabétique, sert exclusivement, dans ce contexte, à retranscrire la parole du pouvoir. Le système palatial impliquant un contrôle absolu sur l'ensemble de la vie sociale, symbolique et économique, l'écriture sera d'abord (ce point est clairement attesté pour la civilisation mésopotamienne) inventaire des biens du palais et des conditions de leur redistribution, traces de l'édification des bâtiments (souvent incluses dans les fondations) ou histoire des faits (même si les descriptions sont toujours scellées dans le mythe), des actes et des paroles royaux. Le premier « métier » de la parole s'institue à ce moment-là, avec les scribes, véritables porte-parole du souverain et qui de ce fait — et non du fait qu'ils écrivent — bénéficient d'une véritable délégation de pouvoir.

L'invention démocratique

C'est au sein de cette civilisation palatiale, et de ses différents avatars, que va s'opérer une rupture locale, promise à un avenir assez largement universel et qui va conduire à une forme nouvelle d'organisation de la parole et de l'action, la démocratie. On peut suivre pas à pas, notamment dans la description passionnante qu'en propose Jean-Pierre Vernant, le passage qui va s'opérer, à partir de l'effondrement du centre, c'est-à-dire des institutions de la royauté, au maintien de ce centre mais cette fois-ci comme espace vide, où plutôt comme espace libéré pour l'exercice d'une parole collective : une parole qui devient, avec la démocratie, un outil collectif d'exercice du pouvoir, mettant en cause l'idée même de pouvoir au sens archaïque du terme, en en transformant en tout cas radicalement l'exercice. Le centre, comme idée nouvelle, contient déjà en germe le principe de symétrie qui sera au cœur de la parole démocratique, juste et partagée.

Comme le dit Jean-Pierre Vernant, « à l'image du roi maître de tout pouvoir, se substitue l'idée de fonctions sociales spécialisées, différentes les unes des autres, et dont l'ajustement pose de difficiles problèmes d'équilibre [3] ». La parole, dans sa version démocratique, va être l'outil idéal de cet ajustement de fonctions sociales spécialisées qui ne sont plus

3. *Ibid.*, p. 37.

totalement régies par un centre. La parole du pouvoir va se transformer en *pouvoir de la parole*.

Un processus de différenciation

Le passage de l'humanité au stade de la civilisation s'organise donc bien autour d'une transformation radicale du rapport à la parole, de son statut, et de ce que l'on peut faire avec. Tout indique en effet que chaque société humaine donne à la parole un statut particulier et variable, et que ce statut évolue tout au long de son histoire. C'est la grande leçon que nous donne l'ethnologie. Comme nous l'avons vu au chapitre précédent, les ethnologues nous initient au mystère et à la différence d'autres statuts de la parole. Il ne suffit pas en effet de traduire la langue employée dans telle société primitive pour que notre compréhension de la nature des paroles échangées soit meilleure. C'est que la parole, bien au-delà des « différences culturelles », y a un tout autre statut.

L'un des signes bien repérables de ce changement de statut que nous cherchons à comprendre ici est la mise en marche, à partir du moment où une société cesse d'être « primitive » et se réorganise autour d'un centre, d'un processus de différenciation des formes de la parole. D'une façon générale, sociologues et anthropologues ont remarqué que la notion de différenciation est un concept essentiel pour comprendre l'évolution des sociétés humaines. Peu d'entre eux ont cependant appliqué ce concept à la parole. Si on se place dans une perspective anthropologique globale, on constate aisément que toutes les activités humaines, depuis le paléolithique jusqu'à aujourd'hui, se sont développées grâce à un processus de différenciation.

De l'outil premier, le silex taillé, jusqu'aux milliers d'outils et de machines qui sont maintenant à notre disposition, existe une évidente généalogie de la différenciation. D'une certaine façon, le premier geste technique contient tous les suivants, car la même « démarche technique » est au cœur de tous les outils, mais en même temps il y a bien potentialisation et différenciation de cette démarche dans des applications toujours nouvelles.

On peut faire le même constat, sur un autre plan, pour toutes les activités humaines qui consistent à obtenir de la nourriture. Le principe est toujours le même, se nourrir, mais de la première activité de chasse et de cueillette, qu'ont pratiquée nos ancêtres pendant des dizaines de milliers d'années, jusqu'à cette première nouveauté qui ajoute l'agriculture, puis les différentes formes de productions agricoles et industrielles de nourritures, c'est toute une différenciation, y compris des rôles sociaux, qui s'est mise en place.

La notion de différenciation est essentielle pour décrire l'évolution des sociétés humaines, dans un mouvement qui irait non pas du simple au complexe, mais du principe anthropologique vers l'ensemble de ses actualisations possibles. La parole, son statut et ses possibilités constituent une des modalités — pas la moins importante — de cette réalité humaine globale. La parole connaît donc elle aussi ce processus de différenciation.

La capacité par exemple à objectiver un fait, à le détacher de toute interprétation subjective, à le dégager de tout récit collectif n'est pas universellement partagée. Les sociétés modernes occidentales semblent donner au « fait », à l'« information objective » un statut essentiel. Ce n'est pas le cas d'autres sociétés, moins arc-boutées sur l'idéal d'une description objective et préférant garder au récit chargé d'une forte signification symbolique une fonction englobante par rapport au fait et qui en transforme radicalement le statut.

Est-ce à dire que certaines sociétés, et les hommes qui les composent, seraient incapables de mettre en œuvre une parole informative, porteuse de descriptions objectives ? Y aurait-il, pour le dire plus brutalement, une « mentalité pré-informative », pendant de la « mentalité prélogique » que certains ethnologues avaient cru déceler chez les « primitifs » (comme l'anthropologue britannique James G. Frazer, qui affirmait que la mentalité primitive « confond » les expériences objectives et subjectives) ?

Mary Douglas règle son compte à cette question, en remarquant que « la confusion de l'intérieur et de l'extérieur, celles de la chose et de la personne, de soi et de l'environnement, du signe et de l'instrument, de la parole et des actes (caractéristiques des sociétés primitives), [...] ne sont pas l'effet d'une incapacité de la mentalité primitive à opérer des distinctions[4] ». La question pertinente dans ce contexte n'est pas d'ordre psychologique (capable ou pas) ou même racial (ceux-là en seraient « biologiquement » incapables), mais plutôt celle de savoir quel statut une société donnée attribue à la parole informative.

La même question doit être posée pour la parole expressive ou la parole argumentative. Une société qui ne se sert pas de l'opinion de ses membres pour prendre des décisions collectives — une dictature par exemple — ne pourra pas être décrite comme une société dont les membres sont incapables de se former des opinions. Simplement, ils s'interdisent d'en avoir, ou bien placent leurs opinions dans un lieu peu propice à leur dimension naturellement collective, leur « for intérieur ». On se souvient des descriptions de la « schizophrénie de la parole » sous la dictature stalinienne, où chacun avait deux paroles, l'une publique et officielle, l'autre intérieure, à laquelle même les proches et les enfants n'avaient guère accès.

Une dictature longue et efficace peut, en supprimant tout statut social à l'opinion, finir par détacher ses membres de toute possibilité d'accès à l'expression, au fait ou à l'opinion, donc à la mise en œuvre des trois formes de la parole que nous connaissons aujourd'hui, dans les démocraties occidentales. C'est le thème central du livre bien connu — mais peut-être moins sous cet angle — de George Orwell, *1984*, qui attache une grande importance à nous montrer le statut de la parole dans la société totalitaire.

Sur un tout autre registre, les sociétés primitives ne connaissent guère les formes modernes d'expression du « moi » qui abondent aujourd'hui. La parole qui exprime un ressenti individuel, avec toute la finesse des nuances rendant compte dans le détail des états subjectifs que nous traversons, n'y a guère de place. Est-ce à dire que les habitants de ces sociétés n'y ont pas de subjectivité ? Cette thèse est bien sûr absurde. Tous les

4. Mary DOUGLAS, *De la souillure*, *op. cit.*, p. 105.

humains sont dotés, on pourrait dire de la même façon, d'une subjectivité et d'une capacité potentielle à l'exprimer. Mais la parole expressive, pour reprendre notre catégorie d'analyse, ne semble guère y avoir un statut social développé. Il faut attendre, pour qu'elle se déploie, que se forme, selon l'expression de l'anthropologue Louis Dumont, une « société globale composée de gens qui se considèrent comme des individus [5] ».

Une diffraction historique de la parole

Il nous faut donc regarder le statut de la parole dans les sociétés modernes comme le produit historique d'une diffraction, d'une évolution interne en termes de *différenciation* des formes potentiellement contenues dans la parole. Michel Foucault par exemple, croit déceler, dans les mutations qui bouleversent le savoir au XVIIe siècle en Europe, le moment d'une diffraction essentielle dans ce que nous faisons avec la parole. Il analyse ainsi le « partage, [...] la grande tripartition, si simple en apparence, et tellement immédiate, de l'*Observation*, du *Document* et de la *Fable*, [tripartition qui] n'existait pas [...] à l'époque où les signes faisaient partie des choses [6] ».

Cette dernière notation (« l'époque où les signes faisaient partie des choses ») est évidemment essentielle, car elle fait avancer l'hypothèse d'une rupture interne à la parole, en résonance avec les importants changements sociaux, politiques et culturels qui caractérisent la période moderne. Cette rupture se traduit par une différenciation dans les usages que nous avons de la langue. Cette séparation doit-elle être rapportée uniquement au XVIIe siècle ? Ne doit-on pas chercher d'autres fractures sociales, d'autres mouvements internes à la parole qui conduisent à la situation actuelle, mieux comprendre, par exemple, le rôle de la démocratie ou de l'individualisme dans ces mutations ?

---

5. Louis DUMONT, *Essais sur l'individualisme*, Seuil, coll. « Points », Paris, 1983, p. 22.
6. Michel FOUCAULT, *Les Mots et les Choses*, Gallimard, Paris, 1966, p. 141.

L'émergence de l'argumentatif comme forme essentielle de la parole est bien sûr plus ancienne que le XVIIe siècle, qui est en pleine redécouverte de l'idéal antique porté par la rhétorique. Les grands manuels de Cicéron, d'Aristote, de Quintilien, pour ne citer que les plus importants, ont traversé le Moyen Âge et ramènent sur le devant de la scène tout le travail normatif que la rhétorique avait produit sur la parole, et notamment l'argumentation.

L'émergence de l'argumentatif

Comment doit-on parler, que fait-on avec la parole ? À quoi faut-il renoncer et que faut-il développer ? Ces questions, issues de la rhétorique, vont nourrir la diffraction de la parole qui s'était engagée dès la révolution grecque et qui reprend avec vigueur à l'époque moderne. Dès la période antique, on prend conscience — et on va le théoriser abondamment — de la fonction argumentative de la parole. Celle-ci, bien sûr, était déjà présente dans les pratiques de communication plus anciennes, mais, avec la nouvelle société qu'inaugure la démocratie grecque, cette fonction argumentative de la langue devient une forme à part entière, la forme argumentative, qui s'autonomise, s'institutionnalise et s'enseigne comme telle au sein de la « rhétorique » ou « art de convaincre ».

Argumenter pour convaincre, se mettre ensemble pour prendre une décision collective dont les attendus seront entièrement contenus dans les points de vue individuels qui s'affrontent pacifiquement dans le débat apparaissent comme une incroyable nouveauté aux yeux de ceux qui les pratiquent pour la première fois, comme les habitants d'Athènes par exemple, au Ve siècle avant J.-C. Des pratiques de l'argumentation vont naître la philosophie et ce qui, dans la rhétorique, est l'ancêtre des sciences humaines.

Lorsque la rhétorique antique s'est éloignée de sa fonction argumentative, du fait des événements politiques qui ont conduit à l'effondrement de la démocratie et à l'institution de l'Empire romain notamment, on va voir se renforcer progressivement le genre expressif, qui se spécialisera plus tard dans le théâtre, le roman et la littérature, et qui recoupe au quotidien des pratiques spécifiques de communication dont l'objet est l'expression d'un état vécu et ressenti, c'est-à-dire la communication d'une manière toute personnelle de voir le monde.

Même si la forme expressive n'était pas tout à fait absente du monde grec, des catégories comme le « roman », première systématisation artistique de l'expression, ou, plus couramment, le récit à la première personne devront attendre des périodes plus tardives pour éclore et trouver un statut social adéquat. Guy Achard remarque que c'est à Rome, sous l'Empire, que « l'art de la parole se réfugie dans la littérature [et] devient un art d'écrire, quelquefois un peu creux. La préoccupation n'est plus le vrai discours au contact de la foule, mais la *recitatio*, la lecture à haute voix, qui jouit d'une grande fortune surtout au premier siècle [7] ».

Les progrès de l'informatif

Moins rapidement, la forme informative, qui s'appuie notamment sur les progrès de la description objective et donc d'une capacité bien différenciée d'objectivation du réel, s'imposera progressivement comme un registre à part entière de la parole [8]. Les sociétés prédémocratiques connaissaient déjà, bien sûr, les nécessités de la description. L'invention de l'écriture ne se fait-elle pas dans un contexte d'inventaire des biens économiques ? On se référera par exemple aux travaux de Jack Goody, qui montre que l'invention de l'écriture a beaucoup à faire avec ces pratiques d'inventaire, donc de description [9]. Plusieurs textes anciens contiennent d'innombrables descriptions, même si celles-ci ne se caractérisent pas par un souci excessif de la précision, comme par exemple l'Ancien Testament.

La description des lignées généalogiques est une activité importante des sociétés archaïques, de même, sur un autre plan, plus alimentaire, que la description des qualités et des

7. Guy ACHARD, *La Communication à Rome*, Payot, Paris, 1994, p. 224.
8. Voir Philippe BRETON et Serge PROULX, *L'Explosion de la communication à l'aube du XXIe siècle*, *op. cit.*
9. Jack GOODY, *La Raison graphique. La domestication de la pensée sauvage*, Minuit, Paris, 1979.

défauts — parfois mortels — des végétaux et des animaux formant l'environnement humain. Mais, si la description semble connue de tout temps (comment l'homme pourrait-il s'en passer ?), elle pourrait bien, dans les sociétés « archaïques » ou « primitives », ne pas clairement se différencier de la description expressive ou de la description argumentative, au sens où nous le faisons aujourd'hui. Nous sommes là, peut-être, dans l'époque où « les signes faisaient encore partie des choses » et où la parole était indifférenciée, mélangeant tous les registres qui se distingueront et se sépareront par la suite.

Le monde antique est le siège d'une prise de conscience toute particulière de l'intérêt qu'il peut y avoir à produire des descriptions objectives. Les Grecs anciens commencent à concevoir une distinction entre un récit subjectif, personnel, poétique et perçu comme tel, ou encore un récit globalement mythique, et une description qui tend à être un fidèle reflet du réel, comme celle que nous propose par exemple Thucydide, au Ve siècle avant J.-C., lorsqu'il nous décrit la guerre du Péloponnèse. C'est en partie de cette distinction que naîtra la différenciation des formes modernes de la communication.

On trouve par exemple dans *L'Iliade* des scènes régies par la description et qui exposent, dans le détail comme dans l'essentiel, les modalités de la fabrication du bouclier d'Achille. Mais cette description informative reste isolée et prise dans un récit d'ensemble qui appartient à un genre beaucoup plus large, « prélittéraire » et « pré-informatif ». Ce n'est pas le cas dans le texte de Thucydide que nous avons déjà évoqué, qui, lui, est presque purement informatif.

Les « historiens », en fait des chroniqueurs qui racontent simplement les faits de leur époque, ne manquent pas, et Aristote, par exemple, fait une claire distinction entre l'historien et le poète (terme qui a un sens plus large qu'aujourd'hui) : ils « ne diffèrent pas par le fait qu'ils font leurs récits l'un en vers, l'autre en prose (on aurait pu mettre l'œuvre d'Hérodote en vers et elle ne serait pas moins de l'histoire en vers qu'en prose), ils se distinguent au contraire en ce que l'un raconte les événements qui sont arrivés, l'autre des événements qui pourraient arriver [10] ». Le « fait » est ainsi défini comme « ce que jamais on ne verra deux fois ».

Aristote lui-même est à l'origine d'une distinction de forme assez nette entre le domaine du persuasif et de l'argumentatif, d'une part, et celui du démonstratif et de la logique, d'autre part [11]. La notion de « fait », d'« information » est donc déjà bien constituée dans l'Antiquité. Elle suppose la conscience d'une certaine objectivité possible dans la description. Au Ier siècle après J.-C., avec Hermogène, le concept de description s'élabore progressivement sous le nom grec d'*ekphrasis*, qui signifie « exposer », « montrer en détail ». L'Antiquité romaine abonde en descriptions techniques, comme par exemple les manuels agricoles qui seront redécouverts à la Renaissance et qui sont des creusets pour la forme descriptive.

Il faudra attendre une longue progression, du XVIIIe siècle, où l'histoire naturelle inaugure les vastes possibilités de ce genre, au XIXe siècle, où le roman naturaliste se développe contre la narration et le récit, et surtout à la seconde partie du XXe siècle, avec la cybernétique et la théorie de l'information, pour que la parole informative gagne ses lettres de noblesse. Entre-temps, la description a été au cœur du monde des médias qui s'imposent progressivement dans l'espace public à partir des XVIIIe et XIXe siècles.

La différenciation des métiers de la parole

L'évolution actuelle des métiers qui sont liés d'une façon ou d'une autre à l'exercice de la parole fournit une bonne illustration de cette notion de différenciation. Beaucoup de métiers sont organisés autour du maniement, de la diffusion ou de la production de la parole. Tous les métiers de la parole sont aujourd'hui très spécialisés. Ceux-ci s'organisent autour des trois grands pôles que sont l'expressif, l'argumentatif et l'informatif.

---

10. ARISTOTE, *Poétique*, 1451b.

11. Voir par exemple, pour l'analyse du contexte historique de cette séparation, Jean-Pierre VERNANT, *Les Origines de la pensée grecque*, *op. cit.*, p. 44 *sq.*

Il serait évidemment réducteur de présenter le processus de différenciation dans l'exercice de la parole comme un mouvement allant du chaman des religions archaïques, premier véritable spécialiste de la parole, aux multiples professions qui aujourd'hui se sont spécialisées dans ce domaine, en passant par toutes les figures que l'histoire nous propose, dont celle du scribe qui accompagne l'invention de l'écriture. Il n'en reste pas moins qu'il y a bien là un arbre qui s'ouvre à partir d'un tronc commun, une sorte de différenciation cellulaire qui accroît chaque jour le potentiel de la parole.

Le mouvement interne à la parole que nous tentons de reconstituer ici s'inscrit dans le mouvement d'ensemble qui porte les sociétés humaines. Il est important de considérer que ce mouvement ne conduit pas d'une parole première, simple et indifférenciée, vers une parole plus complexe et plus « civilisée », mais qu'il est actualisation de certaines possibilités initiales que connaissaient les premiers humains, même s'ils ne les utilisaient pas et en utilisaient d'autres, pour des raisons qui tenaient à la nature de leurs sociétés.

Au-delà de la rupture que constitue le passage des mondes primitifs à la civilisation comme nouvelle forme d'organisation sociale autour d'une parole centrée, d'une parole de pouvoir, d'autres mutations de société vont accompagner le déploiement de la parole. La première de ces mutations est l'invention de la démocratie, qui va s'instituer comme un véritable « régime de la parole ».

8

Ma parole vaut la vôtre : les enjeux de la symétrie démocratique

La révolution démocratique grecque est le fruit d'une double rupture. D'une part, avec les restes d'une organisation sociale primitive qui n'est pas si loin dans le temps et qui marque encore la société du sceau d'un certain fatalisme ; et, d'autre part, avec le souvenir de la civilisation mycénienne, de type palatial, comme la plupart des premières civilisations qui émergeaient ici et là sur la planète. L'un des moments historiques les mieux connus du passage à la démocratie est la « révolution des esprits », qui s'opère entre les VIIIe et VIIe siècles avant J.-C. Elle s'organise autour d'une représentation du cosmos comme régi par l'égalité et la symétrie. Tout déséquilibre (comme la maladie par exemple) sera vu comme relevant de la domination (*monarchia*) d'un élément sur les autres, là où le bon ordre des choses renvoie à une « loi d'équilibre et de constante réciprocité [1] ».

Ce nouvel ordre du monde se traduit immédiatement par une extraordinaire prééminence de la parole sur tous les autres instruments de pouvoir. Cette nouvelle parole est conçue comme mettant en œuvre concrètement cette « constante

1. Jean-Pierre Vernant, *Les Origines de la pensée grecque*, *op. cit.*, p. 122.

réciprocité ». La révolution athénienne établit une rupture essentielle par rapport au modèle ancien. Cet idéal démocratique, mais surtout le nouveau rapport à la parole qu'il inaugure, servira de référence pour de nombreuses sociétés par la suite, dont les sociétés occidentales contemporaines.

Une société organisée autour de la parole

Dans la description qu'en propose Jean-Pierre Vernant, la nouvelle société grecque rompt avec une société dominée par l'« image mythique d'un monde à étages », avec un haut et un bas en opposition absolue [2]. L'ancienne société est une société « holiste », une « société organique », telle qu'elle est analysée par l'anthropologue Louis Dumont, qui prend l'exemple de l'ancien système des castes en Inde pour montrer comment la société démocratique fait rupture avec une société fondamentalement inégalitaire, puisque, dans le système des castes, l'inégalité est organisée et légitimée [3].

Il s'agit aussi d'une rupture avec le fatalisme des sociétés archaïques, au profit d'un idéal de vie en société où la libération de la parole rend chacun un peu plus maître de son destin et où l'idée même de destin, schème explicatif depuis la nuit des temps, disparaît au profit de l'idée de liberté par la parole. La rupture avec les modèles anciens est évidemment très importante dans le domaine du politique qui s'institue par la même occasion, puisqu'on ne s'en remet plus à une loi transcendante, mais à une discussion, une décision du collectif des citoyens.

Le « nouvel ordre de la nature » inauguré par la démocratie athénienne promeut un idéal d'égalité et de symétrie. Cet ordre n'est plus hiérarchique : « Le nouvel espace social est centré ; [...] par rapport à ce centre, les individus et les groupes occupent tous des positions symétriques. [...] L'agora, qui réalise sur le terrain cet ordonnancement spatial, forme le centre d'un espace public et commun. Tous ceux qui y pénètrent se

2. *Ibid.*, p. 121.
3. Louis DUMONT, *Essais sur l'individualisme*, *op. cit.*

définissent, par là même, comme des égaux, des *isoi*. Par leur présence dans cet espace politique, ils entrent les uns avec les autres dans des rapports de parfaite réciprocité ; [...] espace centré, espace commun et public, égalitaire et symétrique, mais aussi espace laïcisé, fait pour la confrontation, le débat, l'argumentation, qui s'oppose à l'espace religieusement qualifié de l'Acropole[4]. »

Dans l'idéal, c'est la fin de la décision qui vient d'en haut, car celle-ci est prise par la majorité des citoyens dans le contexte très exigeant d'une horizontalisation des rapports sociaux. L'idéal citoyen est alors « ni commander, ni obéir ». « La tyrannie, pour Athènes, explique Jacqueline de Romilly, est une abomination[5]. » La cité démocratique grecque implique donc une « extraordinaire prééminence de la parole sur tous les autres instruments du pouvoir[6] », une parole qui « n'est plus le mot rituel, la formule juste, mais le débat contradictoire, la discussion, l'argumentation[7] ». L'argumentation devient un idéal de communication. L'homme idéal, le citoyen, est celui qui parle, discute et décide dans le cadre général de la cité, définie comme le rassemblement de ces paroles, où une parole en vaut une autre mais où aucune parole ne vaut celle tenue collectivement.

Hannah Arendt insiste sur le fait que la démocratie correspond à l'émergence d'un « espace de l'apparence », dont elle n'est finalement que l'institutionnalisation : « L'espace de l'apparence commence à exister dès que les hommes s'assemblent dans le mode de la parole et de l'action ; il précède par conséquent toute constitution formelle du domaine public et des formes de gouvernement[8]. » La cité démocratique grecque n'est donc pas une localisation physique, territoriale ou identitaire, mais « l'organisation du peuple qui vient de ce que l'on

---

4. Jean-Pierre VERNANT, *Les Origines de la pensée grecque*, *op. cit.*, p. 126.
5. Jacqueline DE ROMILLY, *La Grèce antique contre la violence*, De Fallois, Paris, 2000, p. 55
6. Jean-Pierre VERNANT, *Les Origines de la pensée grecque*, *op. cit.*, p. 44.
7. *Ibid.*, p. 45.
8. Hannah ARENDT, *La Condition de l'homme moderne*, Pocket, Paris, 1961, p. 259 (la notion d'« acte » renvoie chez Arendt à l'action par la parole et non à la fabrication des objets).

agit et parle ensemble, [...] où l'action et la parole créent entre les participants un espace qui peut trouver sa localisation juste presque n'importe quand et n'importe où ; [...] espace du paraître au sens le plus large, [...] où les hommes n'existent pas simplement comme d'autres objets vivant ou inanimés, mais font explicitement leur apparition [9] ». Cette apparition de l'homme en tant qu'être distinct du reste du monde constitue le signe le plus sûr d'une rupture avec la pensée primitive, qui ignorait cette séparation.

L'invention de la rhétorique

En même temps qu'il invente la démocratie — ou pour la faire advenir —, le monde grec invente la *technè rhètorikè*, l'« art de convaincre », art de manipulation de la parole comme instrument du « paraître ». D'emblée la question se pose : la rhétorique ne serait-elle que pur instrument de pouvoir, pure réflexion sur la parole du pouvoir, que certains pourraient ainsi s'approprier pour asseoir leur domination ?

Une telle vision ferait l'impasse sur deux éléments importants. En premier lieu, cette réflexion pragmatique sur la parole est née et n'a de sens que dans le contexte social d'un partage du pouvoir entre des égaux ; son exercice complet implique que soit mis en œuvre, concrètement, un principe d'égalité. La parole rhétorique est l'outil de l'égalisation des rapports sociaux : pratiquer la rhétorique, le nouvel art de la parole, c'est produire concrètement un lien social égalitaire. En second lieu, les valeurs qui sont au cœur de la rhétorique et qui vont se diffuser, sous la forme d'un idéal, dans toute la société sont clairement antagonistes avec toute idée de domination.

Bien sûr, comme le rappelle Jacqueline de Romilly, « de même que, pour la justice, on a vu apparaître des formes de jugement dans lesquelles la violence se glissait à l'intérieur même des institutions destinées à l'écarter, de même, dans la démocratie, à côté de ces lois écrites et de ces beaux principes, Euripide dénonce souvent l'intrusion de la violence dans la vie

9. *Ibid.*, p. 258.

politique [10] ». Que des pratiques de pouvoir, d'exercice de la domination, y compris grâce aux ressources archaïques que permet de mobiliser la parole, aient, c'est le moins que l'on puisse dire, largement perduré ne change rien à l'affaire.

La rhétorique est au fond une sélection, à l'intérieur des possibilités qu'elle nous offre, de ce qui pourrait constituer un nouvel usage de la parole, égalitaire, pacificateur, épanouissant pour la personne en ce sens qu'elle lui donne les moyens d'apparaître devant les autres comme personne. Aristote ouvre sa *Rhétorique* par une réflexion sur ce que l'on peut faire et ce que l'on ne devrait pas faire avec la parole. La rhétorique, comme Barthes l'avait bien vu, est aussi une morale, une moralisation de la parole, qui implique certains renoncements. Le monde grec n'hésitera d'ailleurs pas, nous l'avons vu, à introduire des normes strictes dans l'usage de la parole publique [11]. Ces normes sont censées protéger les publics des procédés de manipulation mis en œuvre par certains orateurs et par les démagogues.

Le refus de l'inégalité devant la parole

La société grecque, par ailleurs esclavagiste car l'idéal de citoyenneté n'est pas encore universel, n'est certes pas idéale du point de vue de la réduction des inégalités. Elle ouvre toutefois un espace nouveau, central, essentiel, où peut s'exercer effectivement une égalité concrète. Comme le dit Emmanuel Terray, au constat des inégalités naturelles ou de celles sur lesquelles on n'a provisoirement pas de prise, la démocratie apporte une solution réaliste : « Découper, à l'intérieur du champ social, un espace du politique ; laisser jouer à l'extérieur des limites de cet espace les inégalités de toute nature ; et au contraire les tenir pour nulles et non avenues à l'intérieur de ces limites [12]. »

---

10. Jacqueline DE ROMILLY, *La Grèce antique contre la violence*, *op. cit.*, p. 63.
11. Voir Philippe BRETON, *La Parole manipulée*, *op. cit.* ; et *supra*, chapitre 3.
12. Emmanuel TERRAY, « Égalité des anciens, égalité des modernes », *in* Roger-Pol DROIT (dir.), *Les Grecs, les Romains et nous. L'Antiquité est-elle moderne ?* Le Monde Éditions, Paris, 1991, p. 147.

La démocratie grecque peut donc supporter toutes les inégalités, sauf une : l'inégalité devant la parole, puisque celle-ci est au centre. Les Grecs inventent d'ailleurs immédiatement une sorte d'enseignement de la parole pour remettre en quelque sorte chacun au niveau de tous, et pour permettre à chacun d'être le plus possible l'égal de l'autre dans l'espace public.

Tous les auteurs dans le domaine de la rhétorique, qu'ils soient grecs ou latins, insistent sur le fait que celle-ci vient au jour en même temps que l'invention démocratique. Sous cet angle, les sophistes, ces fameux sophistes que la tradition philosophique a condamnés à partir de Platon, sont des maîtres en démocratie — en ce sens qu'ils n'ont de cesse que leur savoir soit partagé. Les sophistes (de *sophia*, sagesse) sont des éducateurs au sens fort, car ils donnent les techniques pour prendre la parole, ils « donnent la parole ».

Ils n'ont de cesse que la différence de niveau, l'inégalité initiale dans la capacité à prendre la parole se réduisent à néant. La rhétorique est un grand égalisateur de la parole. Et de ce point de vue, elle remplit évidemment une fonction essentielle en démocratie. En même temps, elle fait de la parole le meilleur substitut à la violence. La prise de parole, trait tout à fait fondamental dans l'invention démocratique, remplace un rapport social fondé sur la violence.

On notera que, dans toutes les situations importantes de la vie sociale, l'orateur ancien parle sans texte, comme si cela garantissait l'authenticité d'une parole qui de ce fait viendrait du fond de lui, de cette intériorité qui s'inaugure en même temps que la démocratie. De telles pratiques sollicitent ardemment la mémoire et là aussi on fait face à des inégalités naturelles. En rhétorique, on enseigne donc aussi, tout de suite, des procédés de mémoire artificielle [13], des mnémotechniques, qui permettent de remettre chacun à niveau.

13. Voir à ce sujet Frances A. Yates, *L'Art de la mémoire*, Gallimard, Paris, 1975.

La rhétorique ou la mise en observation du langage

Un élément essentiel de la rupture que nous tentons de décrire est la prise de conscience, elle aussi toute d'avancées et de reculs, de progrès fulgurants et de lentes stations, du fait que la parole est une réalité autonome, une instance sur laquelle on peut réfléchir. Cette conscience existe parfois dans les sociétés primitives, qui discernent souvent l'importance du langage, jusqu'à ce récit, que font par exemple, nous l'avons vu, les Dogons, de l'historicité de la parole, c'est-à-dire des étapes franchies par son développement. Mais nous sommes là dans l'intuition plus que dans l'observation.

Le monde démocratique grec inaugure cette réflexion spécifique, systématique sur la parole. L'invention de la rhétorique correspond à une mise à distance de la parole. La rhétorique est, comme le dit Roland Barthes, un « métalangage » qui prend la parole comme objet [14]. Elle est désormais là, posée sur la table, comme un objet que l'on regarde, dont on apprécie l'efficacité dans telle ou telle circonstance, comme un outil que l'on va tenter de perfectionner.

Cette réflexion est d'abord une recherche pratique, liée au fait que la parole acquiert un nouveau statut, qu'elle occupe désormais le centre et surtout qu'on ne cherche plus à la cantonner dans l'exercice d'un pouvoir particulier. C'est à ce moment précis que s'inventent les premières techniques de la parole, que s'engage ce mouvement de diffraction qui va faire exister de façon de plus en plus nettement séparée la parole comme opinion, comme expression de soi, ou comme porteuse d'une description.

Car les usages de la parole explosent désormais tous azimuts. Chacun dans la cité s'en empare et écoute avec attention les sophistes qui prétendent avoir un savoir sur la parole. Ceux-ci vont désormais transmettre leurs observations, apprendre aux autres ce qu'ils savent eux-mêmes : prendre la parole, tourner les mots dans leur bouche de telle façon qu'ils

---

14. Voir notamment Roland BARTHES, « L'ancienne rhétorique », *Communications*, n° 16, Seuil, Paris, 1970.

soient les plus efficaces possible dans un environnement où tout, désormais, dépend de la parole.

Nul doute que le nouveau rapport à l'écriture entretenu par le monde grec, notamment grâce à ce perfectionnement majeur de l'écriture alphabétique que représente la notation complète des sons, ne joue un rôle dans cette prise de conscience. Mais la rhétorique est d'abord réflexion sur la parole orale et ne constituera que bien plus tard, avec Quintilien (plusieurs siècles se seront alors écoulés), un observatoire de la parole écrite.

L'« empire rhétorique » — le mot est de Roland Barthes — exercera son influence en profondeur tout au long du déploiement de la culture occidentale. Il connaîtra des périodes de relatif oubli ou de repli sur des institutions fermées (pendant le Moyen Âge par exemple) et des périodes de floraison rapide. C'est ainsi que Foucault analyse de son côté le renouveau qui s'opère à l'âge classique. À partir du XVIIe siècle, en effet, « le discours devient à son tour objet de langage ; [...] on ne cherche plus à faire lever le grand propos énigmatique qui est caché sous ses signes ; on lui demande comment il fonctionne : quelles représentations il désigne, quels éléments il découpe et prélève. [...] Le commentaire fait place à la critique[15] ». Cette redécouverte accompagne le développement des sciences modernes, sciences exactes mais aussi sciences humaines, dont Gusdorf disait que la rhétorique en était la « matrice ».

La rhétorique ancienne constitue dans ce sens le vrai « tournant linguistique » qu'une vue un peu courte nous fait identifier uniquement au moment où la linguistique moderne émerge et influence d'autres champs du savoir autour d'elle. Là où la linguistique s'occupe de la langue, objet noble s'il en est, le tournant rhétorique impliquait un nouveau regard sur la parole et son articulation avec les moyens de communication, dont les langues orales.

15. Michel FOUCAULT, *Les Mots et les Choses*, *op. cit.*, p. 94.

Une triple rupture

La rupture démocratique est-elle suffisante à elle seule pour expliquer le nouveau statut de la parole dans les sociétés modernes puis contemporaines ? À certains égards, le nouveau cadre démocratique des sociétés joue le rôle d'une matrice de la nouvelle parole. Il serait même tentant dans cette perspective d'identifier complètement la place nouvelle prise par la parole et les nouvelles institutions démocratiques, qui sont presque entièrement des institutionnalisations de la parole. Il serait tentant aussi de ne pas voir dans la parole un produit de la démocratie mais l'inverse : n'est-ce pas la mise en mouvement du statut de la parole qui a produit ce que nous appelons la démocratie ?

Il est vrai que la rupture qui donne naissance à la cité, puis à l'État démocratique, s'organise autour d'un axe qui est constitué par les nouvelles modalités de la prise de décision. Il y a de ce point de vue un double renoncement, d'une part aux méthodes de prise de décision traditionnelles, avec des techniques comme celles de l'ordalie, qui consistent à s'en remettre à l'interprétation du destin (la disposition des organes d'un animal sacrifié indiquant par exemple le sens de la décision à prendre) et, d'autre part, aux méthodes tyranniques propres au système de la civilisation palatiale, où la parole du prince contient la décision.

Le nouvel usage de la parole s'organise bien autour de cette question de la prise de décision comme modalité de l'action. La démocratie ne serait dans cet esprit qu'un habillage institutionnel de ces nouvelles pratiques qui mettent la parole au centre et que la rhétorique, comme lieu d'une différenciation pratique des formes de la parole, formalise.

Une identification trop forte de la démocratie avec les nouveaux développements de la parole conduirait toutefois à faire l'impasse sur les importantes modifications que le statut de la parole connaîtra bien après la période grecque et dans des périodes historiques qui ne sont pas, au sens strict, des périodes où le régime politique est particulièrement démocratique. Il est en effet difficile de ne pas mettre en rapport le nouveau statut de la parole avec le mouvement de pacification des mœurs et le changement des normes de la violence qui caractérise l'époque moderne et contemporaine.

Bien sûr, le nouveau rapport à la violence prend naissance dans l'idéal de justice grecque, intimement lié à l'idéal démocratique. Mais, si l'on suit les travaux de Norbert Elias, on voit que le processus de pacification des mœurs se met en place, par exemple en France, en pleine période monarchique. Certes, la redécouverte des principes de la rhétorique ancienne joue un rôle essentiel dans ce processus. Avec la rhétorique, c'est une pratique concrète de la démocratie que l'on redécouvre. Il est malgré tout nécessaire d'étudier en tant que tel le lien singulier, nouveau qui se noue entre la violence et la parole dans un cadre politique qui n'est pas démocratique.

De la même façon, on ne peut manquer de souligner les liens entre le développement de l'individualisme, qui va marquer les sociétés modernes et contemporaines d'un sceau indélébile, et celui du nouveau statut de la parole. Or l'individualisme, l'individu comme valeur et le renversement du rapport « je-nous » si cher à Elias, se déploient en dehors du cadre démocratique, même si, au bout du compte, c'est là aussi la rencontre entre les formes démocratiques de l'État moderne et les valeurs de l'individualisme qui donnera sa couleur unique aux sociétés contemporaines.

Il est donc essentiel, pour comprendre le nouveau statut de la parole, de regarder d'un peu plus près comment se déploie le statut de la parole au milieu du triangle dont la base est la démocratie et dont les deux autres côtés sont constitués par le nouveau rapport à la violence et par la place nouvelle prise par l'individu.

9

De la violence à la douceur : la promesse du processus de civilisation

Le chemin suivi par la parole la pose, tout au long du processus d'hominisation, puis au sein des grandes mutations culturelles et sociales que connaît l'humanité, peut-être même depuis l'origine, comme une *alternative concrète à la violence.*

La question de la violence est, depuis longtemps, au cœur des préoccupations humaines. Gardons-nous tout de suite d'une vision de l'histoire qui ferait du début de l'humanité un moment primitif de déchaînement de violence, et qui verrait s'installer ensuite, progressivement, un monde « civilisé ». Cette vision du passage de la préhistoire à la civilisation est maintenant dépassée. Les travaux des anthropologues montrent que la violence civile (meurtres, homicides, vengeances privées) et la violence des guerres étaient le lot des sociétés primitives aussi bien que des nôtres [1], même si la tendance générale, si on en croit l'anthropologue américain Lawrence Keeley, est aujourd'hui à la décroissance du nombre

1. Lawrence KEELEY, *Les Guerres préhistoriques*, *op. cit.*, p. 52.

de victimes (relativement à la population) dans le cas des conflits armés [2].

Gardons-nous donc aussi de croire que les premiers humains étaient des êtres doux et pacifiques, et que la situation n'aurait fait que se dégrader depuis. Nous sommes là dans un imaginaire à la fois de la pureté originelle et du déclin qu'aurait apporté la civilisation. Comme le dit un peu cruellement Keeley : « Dans les milieux intellectuels, comme dans la culture des masses, la guerre est considérée par beaucoup comme une psychose propre à la civilisation occidentale. Ce sentiment de culpabilité, ainsi que la quête nostalgique du paradis rousseauiste dominent toutes les conceptions en vogue chez bien des anthropologues de la génération d'après-guerre. Désormais endémique chez les anthropologues, l'idéalisation du passé ne constitue que le dernier avatar de la longue lutte opposant le mythe du progrès continu à celui de l'âge d'or, les conceptions hobbesienne et rousseauiste de la nature des sociétés [3]. »

L'idéal d'une société plus douce à vivre

Les premiers hommes ne sont ni des hommes sauvages ni des hommes bons. Ce sont des hommes comme nous, qui se débattent avec la complexité de leur situation et qui tentent d'aménager le monde pour y vivre mieux. La différence tient toutefois dans la transformation de notre rapport à la violence et du rôle que la parole joue dans ce changement de fond.

Chaque société humaine, chaque culture, à un moment donné de son histoire, dispose comme on l'a vu d'un système de normes qui encadrent l'usage de la violence (voir *supra*, chapitre 5). Des actes de violence considérés comme légitimes à une époque donnée peuvent ne plus l'être quelques décennies ou quelques siècles plus tard. Ces normes sont variables et elles ont évolué dans le sens d'une intolérance de plus en plus grande à la violence.

2. *Ibid.*, p. 148.
3. *Ibid.*, p. 52.

Les formes de la violence sont toujours les mêmes. Les textes les plus anciens dont nous disposons, qu'il s'agisse des archives sur tablettes d'argile des grandes villes du bassin mésopotamien, de l'Ancien Testament, des grands récits grecs d'avant la période démocratique, nous racontent tous les mêmes histoires : agression verbale, violence psychologique, violence physique, vengeance privée, massacres, viols, génocides, guerres entre familles, clans, ethnies, tribus. Tous ces actes, porteurs de souffrances innombrables, ponctuent l'histoire de l'humanité.

Pourtant, certaines sociétés tenteront, consciemment et volontairement, de changer les normes qui règlent le niveau de violence acceptable. C'est le cas, bien sûr, des rédacteurs de l'Ancien Testament qui rendent compte des nouvelles lois portées par Moïse, et qui vont toutes dans le sens d'une tentative de pacification des mœurs : « Tu ne tueras pas », « tu ne voleras pas », « tu ne convoiteras pas la femme de ton prochain », mais aussi « tu ne feras pas de faux témoignage ».

Avant d'être des impératifs moraux, ou parce qu'elles le sont, ces règles sont d'abord des règles de vie en société, dont on peut attendre qu'elles calment un jeu considéré comme trop violent, l'adultère engendrant le conflit, le vol, la violence, le meurtre provoquant la vengeance et la vendetta, le faux témoignage et le mensonge pouvant être la cause d'une punition et d'une violence injuste, et donc considérés eux-mêmes comme une parole violente.

On pourra s'étonner par ailleurs que l'Ancien Testament raconte tant de guerres, de crimes, de massacres. Ceux-ci coexistent avec un désir de paix qui a apparemment le plus grand mal à s'enraciner malgré l'importance donnée dans le monde juif à la Loi et à la Parole divine. Mais la morale seule, semble-t-il, ne suffit pas à rompre le cycle des violences sans fin que nous raconte la Bible, des villes pillées et de leurs habitants tués jusqu'aux derniers, de la vengeance privée qui poursuit les fils des crimes commis par leurs pères. Il faut, pour espérer commencer à renoncer à la violence, de véritables changements sociaux qui instituent des normes à la fois contraignantes et acceptées par la plupart.

Les Grecs anciens connaissent, semble-t-il, une préoccupation comparable à celle dont témoigne l'Ancien Testament. Au moment même où se mettent en place les prémices d'une société radicalement nouvelle, démocratique, se développe l'espoir d'une société « plus douce à vivre ». Cet espoir va s'articuler autour d'un autre rapport à la parole, passant progressivement, nous l'avons vu, du statut de parole de pouvoir à celui d'un pouvoir plus partagé. C'est au cœur de ce changement de statut que prend corps l'idéal d'une société plus douce à vivre.

L'un des premiers sophistes, Protagoras, nous raconte ainsi le mythe de la fondation que porte le monde grec d'alors : les hommes, nés faibles et isolés, furent confrontés à l'origine à une première menace de destruction par le monde extérieur et la nature menaçante. Une fois unis pour y résister, ils furent confrontés à une seconde menace, issue des dissensions et des violences internes. Zeus leur conféra alors le don de la justice et de la pudeur, c'est-à-dire du respect d'autrui. Ils purent alors construire une société vivable. Dans sa limpidité, le mythe de Protagoras désigne une direction à la fois possible et nécessaire.

Les grandes tragédies, notamment celle d'Eschyle, racontent la naissance de cette volonté de pacification. Comme les autres peuples, les Grecs s'épuisent en querelles violentes et en vengeances meurtrières. La dévastatrice guerre de Troie n'a-t-elle pas pour origine une affaire d'adultère ? L'histoire de la famille des Atrides, comme bien d'autres, témoigne de ce climat perpétuellement violent. Comment rompre le cycle archaïque infernal du meurtre et de sa vengeance ? Les Grecs de la période démocratique vont proposer une solution originale à ce problème majeur, que bien des sociétés se sont posées dans l'histoire.

Jacqueline de Romilly, dans son ouvrage passionnant sur la violence en Grèce, montre comment la naissance de la démocratie y est intimement liée au souci d'en finir avec la violence sociale, avec cette « recherche passionnée de tout ce qui peut mettre fin à cette violence considérée comme bestiale et indigne de l'homme[4] ». Cette tendance, explique-t-elle, « s'est manifestée en deux temps successifs : la découverte de la justice et la découverte de la douceur[5] ».

La nouvelle justice grecque

À travers une analyse de la tragédie et de ce qu'elle indique de l'état des mœurs, Jacqueline de Romilly montre comment l'institution du tribunal s'installe comme substitut possible à la vengeance et à la guerre. Or le tribunal, tel qu'il apparaît par exemple à la fin de la trilogie d'Eschyle, comme solution au conflit, n'est rien d'autre qu'une *institutionnalisation de la prise de parole*. Au lieu de vous battre, parlez ! Au lieu de vous défendre par les armes, défendez-vous par des mots ! Au lieu de vous venger, argumentez pour obtenir une juste punition de vos agresseurs !

La justice grecque inaugure un changement radical qui seul permet un début de pacification des rapports sociaux : le renoncement à la vengeance privée, grâce à l'institution d'un lieu, le tribunal, où l'on échange des paroles, où l'on défend sa cause et où l'on accepte, bon gré mal gré, le jugement d'un tiers, en l'occurrence l'ensemble des citoyens ou leurs représentants, les jurés.

Le sang appelle le sang, dit la tradition, quelles que soient les circonstances de l'acte. Avec la nouvelle justice, la parole casse l'automatisme et permet par exemple de supposer que l'on peut avoir tué tout en étant innocent et donc ne pas forcément appeler la vengeance ! Innovation majeure qui, quand elle est appliquée, crée une société plus douce à vivre.

Cette innovation porte en elle, de façon matricielle, un nouveau statut pour la parole, dont nous héritons encore aujourd'hui : la parole est faite pour être entendue, *jugée* au sens strict. L'autre est juge de ma parole, c'est lui qui va l'écouter — éventuellement —, l'évaluer, se positionner par

4. Jacqueline DE ROMILLY, *La Grèce antique contre la violence*, *op. cit.*, p. 16-17.
5. *Ibid.*, p. 17.

rapport à elle, répondre. La parole moderne est prise dans une matrice « justiciaire ».

Certes, la justice athénienne est curieuse pour nous. Quand Socrate passe en justice devant la cité — et il s'agit là d'un procès ordinaire d'un point de vue technique —, il se défend devant un demi-millier de jurés, formant l'assemblée qui va juger au nom du peuple ! Mais l'essentiel reste que le débat contradictoire, la mise en scène publique de la parole, a vocation de remplacer l'affrontement. La parole, comme le dit très justement Jacqueline de Romilly, permet d'« offrir une substitution » à la situation de violence.

C'est bien ce que raconte Eschyle, en plein Ve siècle, qui montre « comment les vengeances indéfiniment répétées par le meurtre et la violence, dans la famille des Atrides, sont enfin remplacées par une justice figurée dans un tribunal qui comporte des dieux et des hommes, et qui met fin à ces tueries, en transformant les Érinyes en Euménides [6] ». Les Érinyes, déesses archaïques de la vengeance, symbolisent ici l'ancienne justice, arc-boutée autour de l'automaticité de la vengeance privée. Elles se transforment, non par la violence mais par la persuasion d'Athéna, en Euménides, nouvelles divinités, plus pacifiques, de la cité.

Dans la société grecque, la tragédie a un statut bien différent de celui du théâtre d'aujourd'hui. Elle constitue un nouvel espace où la parole est mise en scène, devant un public composé de tout le peuple, une fois par année. Elle a une fonction sociale évidente car elle représente, de façon redoublée, le rôle que la violence ne devrait plus avoir dans le nouveau monde démocratique. Comme le dit Jacqueline de Romilly, « confrontés à l'existence de la violence et sensibles à ses horreurs, les Grecs ont créé le genre littéraire capable de protester contre elle de façon inoubliable [7] ». Et, pourrait-on ajouter, capable de lutter contre elle de façon pratique, car, si l'on en croit Aristote, c'est précisément grâce au spectacle offert par la tragédie que peut s'opérer la *catharsis*, la

6. *Ibid.*, p. 19.
7. *Ibid.*, p. 77.

purgation, du seul fait d'en voir la représentation, des passions, de la violence [8].

L'institution du tribunal, comme le renoncement à l'automaticité de la vengeance qu'il implique, est à l'origine d'une réflexion spécifique sur la parole qui va entraîner une diffraction essentielle entre l'opinion (il est coupable, il a des circonstances atténuantes, il est innocent bien qu'il ait tué) et la description pour reconstituer le fait (avec quelle arme, où, quand, comment, dans quelle circonstance). Si l'opinion est née également dans le domaine politique, la parole informative, elle, se nourrit probablement de ces innombrables séances judiciaires où l'opinion s'adosse au fait, c'est-à-dire à une parole la plus objective possible. La nouvelle justice est liée au processus de diffraction de la parole en formes distinctes.

Prendre la parole, dans le monde grec, devient ainsi un véritable devoir civique. Et le jeu permanent, institutionnalisé, sur l'agora et ailleurs, de la prise de parole se présente comme le plus sûr garant d'un recul de la violence dans les rapports sociaux. Celle-ci continuera certes à faire des ravages et les Grecs peineront à pacifier durablement leurs cités, régulièrement emportées par la guerre civile et l'affrontement armé. Ils s'en plaindront d'ailleurs amèrement. Mais un pas décisif a été franchi : on a imaginé un monde moins violent et c'est la parole qui est l'outil de cette transformation. De cet espoir, la parole sort avec le statut d'un idéal pacificateur.

La « pacification des mœurs »

Quelques siècles plus tard, après que les péripéties de l'Empire romain et du Moyen Âge occidental ont remis, si l'on peut dire, la violence archaïque à l'ordre du jour, une nouvelle exigence de pacification va prendre corps, dont les humanistes de la Renaissance vont se faire les porte-parole. Le sociologue Norbert Elias a bien montré comment se met en place, à partir de là, ce qu'il appelle un « processus de civilisation ». Celui-ci

8. ARISTOTE, *Poétique*, 1449b.

tend à réaliser progressivement, dans une certaine mesure, l'idéal grec redécouvert à cette période.

Les raisons pour lesquelles de nouvelles normes encadrant la violence, notamment la violence civile, vont se mettre en place dans le monde occidental restent cependant en partie encore mystérieuses si l'on n'y inclut pas le rôle nouveau joué par la parole (qu'Elias, curieusement, évoque très peu alors qu'il est pourtant essentiel dans le processus qu'il décrit).

À partir de la Renaissance, tout un mode de vie féodal, où l'on considérait comme légitime un niveau très élevé (selon notre point de vue d'aujourd'hui) de violence sociale, se voit progressivement contesté au nom d'une volonté nouvelle et impérieuse, du moins dans certains milieux, de « civilité ». Un mouvement de « pacification des mœurs », pour reprendre l'expression d'Elias, va se mettre en marche et faire reculer progressivement la violence civile. Le nouveau statut social de la parole va jouer un rôle essentiel, encore que mal connu, dans cette évolution.

Nous prenons mal aujourd'hui la mesure de ce qu'était la vie quotidienne à la sortie du Moyen Âge, jusqu'au début du XXe siècle. Comme le rappelle Norbert Elias, « à l'exception d'une petite élite, toute la société guerrière de la France [...] du XIIIe siècle se livrait à la rapine, au pillage et au meurtre ; rien ne nous permet de croire qu'il en allait autrement dans les autres pays ou dans les siècles suivants. Les débordements de la cruauté n'entraînaient aucun ostracisme social. Ils n'étaient pas considérés comme socialement dégradants. On prenait plaisir à torturer et à tuer, et ce plaisir passait pour légitime. Les structures sociales poussaient même, jusqu'à un certain degré, à agir ainsi et donnaient à ces comportements une apparence de rationalité. [...] Au Moyen Âge, la plupart des membres de la couche dirigeante menaient la vie de chefs de bandes. Ils en adoptaient l'allure et les goûts [9]. »

L'historien Robert Muchembled évoque à ce sujet « une société française peu policée, productrice d'hommes violents,

9. Norbert ELIAS, *La Civilisation des mœurs*, Calmann-Lévy, Paris, 1973, p. 326-327. On notera que le film *Gangs of New York* met en scène de façon similaire, en plein XIXe siècle, la réalité historique assez archaïque de cette ville.

prompts à satisfaire leurs pulsions et leurs appétits, [...] où la violence est presque aussi quotidienne que le pain, [...] notamment en ville, avant que la justice ne procède à la criminalisation de ces péchés dans le courant du XVIe siècle [10] ». Il détaille, à partir d'archives nombreuses et précises, cette vie violente, où l'on tire facilement le couteau lors d'altercations privées, où les guerres privées ou entre villages sont récurrentes, où la vie d'autrui a un prix relativement faible et où mauvais traitements, tortures et exécutions en public, sont regardés comme un plaisir ordinaire pour les spectateurs.

Elias rappelle également qu'au XVe siècle, « les administrations des villes tentaient en vain de mettre un terme aux "querelles de famille" ; les échevins convoquaient les personnes en cause, décrétaient la paix, ordonnaient, commandaient. Pendant quelque temps tout allait bien. Puis une nouvelle querelle éclatait, l'ancienne se rallumait. [...] Les vengeances familiales, les guerres privées, les vendettas n'étaient pas réservées aux nobles ; les villes retentissaient également du vacarme des guerres entre familles et clans ennemis. Les bourgeois, les fabricants de bonnets, les tailleurs, les bergers tiraient facilement le couteau, [...] malgré la bonhomie et la gaîté des relations sociales [11] ». On remarquera que de vastes régions du monde connaissent encore aujourd'hui ce régime de la violence civile.

Un « homme nouveau » émerge à partir de plusieurs changements sociaux et culturels profonds [12], dont nous pouvons connaître certains aspects concrets, notamment du point de vue des mœurs quotidiennes : « Le premier a trait à l'utilisation d'objets et d'outils de médiation, en lieu et place de la main : être civilisé consiste désormais à employer un couteau à table, à ne plus mettre les doigts au plat et dans la bouche. Le deuxième pousse au dégoût de toute promiscuité, par exemple au refus du sommeil en commun, à l'exception du couple conjugal. En troisième lieu, la gêne s'installe dans des

---

10. Robert MUCHEMBLED, *L'Invention de l'homme moderne. Culture et sensibilités en France du XVe au XVIIIe siècles*, Fayard, Paris, 1988, p. 16 et p. 455.
11. Norbert ELIAS, *La Civilisation des mœurs*, *op. cit.*, p. 334-335.
12. *Ibid.*

domaines qui souffraient le regard des autres par le passé : la nudité corporelle, les relations sexuelles, les besoins naturels. Tout concourt donc à entraîner des réflexes de pudeur, de contrôle de soi, de recherche d'intimité pour l'exercice des fonctions triviales et sexuelles [13]. »

Comment s'effectue ce contrôle des émotions exprimées corporellement ? Apprendre la pudeur, au sens étroit comme au sens large, savoir se retenir, renoncer à l'agression aussi bien qu'à l'excès d'effusion, accepter de se séparer d'avec les autres [14], mettre en place ce « mur invisible de réactions affectives se dressant entre les corps, les repoussant et les isolant », dont parle Elias : tous ces comportements passent en grande partie par une *mise en parole des émotions*. L'espace de la prise de parole s'élargit ainsi considérablement. Son importance sociale s'accroît en proportion. On cherchera à s'exprimer par des mots là où, auparavant, on s'emportait, on se touchait, là où l'on s'extériorisait bruyamment et souvent violemment.

Le langage lui-même se civilise et se pacifie. L'insulte, le propos rude et désobligeant cèdent le pas à la politesse, à l'euphémisme, à la parole douce à entendre. Les manuels rhétoriques deviennent également des guides de civilités, où l'on apprend à parler en société, et que l'usage de la parole est une bonne alternative à la violence. Cette mise en parole se double d'une capacité nouvelle, liée aux progrès de l'individualisme, d'intérioriser ses émotions, de les retenir dans un espace intérieur de ce fait agrandi.

Cette intériorisation progressive de nouvelles normes plus intolérantes vis-à-vis de la violence, considérée de plus en plus comme une « souillure », s'accompagne d'une criminalisation croissante des comportements violents. En France par exemple, il faut de longs siècles, à partir du XVe siècle, pour que la justice royale, puis républicaine, pénètre dans les campagnes et les quartiers des villes. Elle y parvient, d'abord pour les homicides, puis pour des délits de plus en plus mineurs, au prix « d'une lente et difficile rupture des habitudes paysannes de

13. Robert MUCHEMBLED, *L'Invention de l'homme moderne*, *op. cit.*, p. 3.
14. Norbert ELIAS, *La Civilisation des mœurs*, *op. cit.*, p. 117.

vengeance privée, régulatrices de la sociabilité et d'une vie quotidienne très violentes. Tout le XVIIe siècle suffit à peine à consacrer cette cassure, tant les villageois sont attachés à des procédures de paix sociale qui ne nécessitent guère l'intervention des autorités extérieures ni de tribunaux constitués [15] ».

Le tribunal, « lieu géométrique de la douleur humaine », pour reprendre la belle expression de Robert Badinter [16], devient progressivement le lieu où les conflits se coulent et se domestiquent dans la parole, où la géométrie de la raison, exprimée par la parole et le débat contradictoire, vient à bout de la douleur humaine. La justice devient ainsi, pour reprendre le mot de Muchembled, « productrice de lien social » : « La justice criminelle [...] n'est pas seulement punitive. Classificatrice, elle propose à toute la société des modèles d'adaptation. Elle exerce aussi des pressions, sous de multiples formes, pour produire du conformisme. [...] L'une de ses fonctions est de définir clairement un modèle du juste et de l'injuste, ou du bien et du mal d'après le vocabulaire de l'époque. Subrepticement, elle confectionne du lien social avec ce qui semble à première vue destructeur de celui-ci [17]. » L'espoir grec d'une société plus douce à vivre commence enfin à se réaliser.

L'objectivation de l'émotion

Comment s'est mis en place concrètement, à l'échelle de l'homme lui-même, ce processus de civilisation, cette nouvelle norme de civilité, dont Elias dit qu'elle servira « à la société européenne de notion centrale pour se définir elle-même [18] » ? Bien que les sociétés contemporaines soient, à bien des égards, radicalement différentes des sociétés modernes qui concrétisent les premières cet idéal de pacification des mœurs, nous rejouons aujourd'hui encore, dans notre vie quotidienne, cette rupture entre l'homme ancien et l'homme nouveau dont nous

15. Robert Muchembled, *L'Invention de l'homme moderne*, *op. cit.*, p. 172.
16. Robert Badinter, *L'Abolition*, Fayard, Paris, 2000.
17. Robert Muchembled, *L'Invention de l'homme moderne*, *op. cit.*, p. 136.
18. Norbert Elias, *La Civilisation des mœurs*, *op. cit.*, p. 92.

parle Muchembled, et qui n'est pas, notons-le, à l'abri d'une inversion possible.

Le processus de civilisation dont nous héritons aujourd'hui dans plusieurs pays, dont la plupart des pays occidentaux, va se présenter comme une rupture majeure par rapport aux normes de violence acceptables à des époques plus anciennes. Il implique que se mettent en place progressivement un strict contrôle des émotions et, corrélativement, un rôle nouveau pour la parole, elle-même objet d'une pacification.

L'objectivation de l'émotion grâce à la parole va être la clé de cette évolution. Celle-ci va prendre de multiples formes concrètes, qu'il s'agisse, comme cela vient d'être noté, de la transformation progressive d'un certain nombre de mœurs de la vie de tous les jours, d'habitudes de table, de comportements corporels et sexuels, mais aussi des manières de s'adresser aux autres.

Norbert Elias remarque, dans ce contexte, l'importance nouvelle du processus qui consiste à « transformer les plaisirs d'une agressivité active en plaisir passif, codifié, en simple "plaisir des yeux" » ; et il ajoute que, « depuis, cette recommandation est devenue un précepte d'une évidence aveuglante. Que l'homme moderne ait été frustré par une autocontrainte sociale du plaisir d'étendre la main vers ce qu'il convoite, aime ou déteste est un des traits les plus marquants de la civilisation moderne [19] ». L'ethnologue François Laplantine remarque par ailleurs que, dans les sociétés occidentales, la description, c'est-à-dire l'objectivation, est essentiellement liée au visuel [20]. Et ce que l'on ne peut plus que voir, on ne peut plus que le parler. Nous pouvons mieux saisir ici le rôle spécifique de catharsis joué par la parole : ce que l'on parle peut être ainsi purgé de son émotion potentielle, ou, du moins, cette émotion peut être transférée dans le champ de la parole.

Nous retrouvons là la définition que donne Arendt du nouveau rôle de la parole qui est de constituer un « espace de l'apparence », dont la puissance n'est actualisée que « lorsque

19. *Ibid.*, p. 339-340.

20. François LAPLANTINE, *La Description ethnographique*, Nathan Université, Paris, 2000.

la parole et l'acte ne divorcent pas, lorsque les mots ne sont pas vides, ni les actes brutaux, lorsque les mots ne servent pas à voiler des intentions, mais à révéler des réalités, lorsque les actes ne servent pas à violer et détruire, mais à établir des relations et créer des réalités nouvelles [21] ».

De nombreux manuels de « savoir-vivre », depuis celui de l'humaniste Érasme de Rotterdam, indiquent comment il faut se comporter pour être « civilisé ». Ce processus implique, comme le rappelle Muchembled, « une économie psychique fondamentalement nouvelle. Une culture spécifique, opposée à celle des “sauvages”, entame une marche triomphale en se posant comme exclusive. Ce spectacle, pour l'Europe, est aussi discipline globale pour ses adeptes. [...] Un homme nouveau, maître de lui-même dans ses attitudes corporelles, sa vie familiale ou son intimité domestique, se façonne dans cette (nouvelle) culture [22] ».

Cet homme nouveau s'oppose aux hommes de la violence archaïque, caractérisés, selon Elias, par « un certain nombre de traits qui nous paraissent contradictoires, l'intensité de leur pitié, leur peur de l'enfer, leurs sentiments de culpabilité, leurs éclats de rire, leur gaîté folle, leurs brusques accès de haine et de colère ». « Tout cela, ajoute-t-il, ainsi que les passages brusques d'un état d'âme à l'autre, n'est en réalité que les différents aspects d'une même structure émotionnelle. Les pulsions, les émotions, s'expriment plus librement, plus directement, plus ouvertement que plus tard. Seuls les hommes de notre espèce, habitués à une vie infiniment plus feutrée, plus calme, plus calculée, [...] sont portés à voir dans la force déchaînée de cette piété, de cette agressivité, de cette cruauté une contradiction [23]. »

Ces comportements des sociétés archaïques de la sortie du Moyen Âge ne sont pas tant des traits psychologiques, qui feraient de nos ancêtres les obsédés d'une violence cruelle et pathologique, que l'expression de leur adaptation à des conditions sociales difficiles, comme le souligne Muchembled :

21. Hannah ARENDT, *La Condition de l'homme moderne*, *op. cit.*, p. 260.
22. Robert MUCHEMBLED, *L'Invention de l'homme moderne*, *op. cit.*, p. 459.
23. Norbert ELIAS, *La Civilisation des mœurs*, *op. cit.*, p. 336.

« La société d'Ancien Régime apparaît [...] comme composée de multiples cellules : les communautés rurales et les quartiers des villes. Uniformément imprégnée d'une éthique belliqueuse, utile pour survivre dans un monde de guerre et de dangers incessants, elle trouve sa régulation d'ensemble dans un double mécanisme évitant aux populations de s'exterminer. La xénophobie, d'abord, détourne l'essentiel de l'agressivité vers les voisins immédiats. [...] À l'intérieur de chaque cellule, ensuite, des rituels de comportement, appris à la taverne et ailleurs, produisent des autocontraintes souvent efficaces, malgré les dérapages vers l'affrontement [24]. » La violence est bien prise dans des normes sociales précises et qui l'encadrent. Ce sont ces normes qui vont connaître un déplacement, dans le sens d'une plus grande pacification.

L'invention de la civilité

Quel rôle joue la parole dans ce déplacement ? Le *Galateo* de Giovanni Della Casa (publié en 1558), l'un des premiers et principaux manuels de savoir-vivre de l'époque moderne (avec l'ouvrage similaire d'Érasme), nous donne de précieuses indications à ce sujet. Selon son traducteur et présentateur, Alain Pons, le problème est de passer de la *feritas* (bestialité) à l'*humanitas*, de la violence à la civilisation, et d'atteindre la vraie nature de l'homme.

Quelle est la clé de cette civilité ? À vrai dire, son principe est simple et toutes les règles de la rhétorique sociale du savoir-vivre n'en sont que des déclinaisons variées et adaptées aux circonstances : « Il convient, explique Della Casa, de faire de la volonté d'autrui son propre plaisir, quand il ne s'ensuit ni dommage ni honte, et en cela se gouverner dans ses paroles et dans ses actes plutôt selon l'avis d'autrui que selon le sien propre [25]. » Formidable économie de la parole et de l'action ! L'éthique, dit Levinas, commence aux pieds de l'autre.

---

24. Robert Muchembled, *L'Invention de l'homme moderne*, *op. cit.*, p. 217.
25. Giovanni Della Casa, *Galatée, ou l'art de plaire dans la conversation*, Quai Voltaire, Paris, 1988, traduction par Alain Pons, p. 74.

« Les mauvaises manières, commente Alain Pons, procèdent toujours de ce que l'on oublie l'autre, de ce que l'on agit comme si l'on était seul [26]. » Il s'agit là, tout au long de ces multiples « prescriptions de comportements » qui n'en sont que la forme vulgarisée, de construire une parole, c'est-à-dire un lien social qui implique, comme le dit très bien Alain Pons, de « se décentrer, d'abandonner la position instinctivement égocentrique et solipsiste que les hommes adoptent et qui leur fait voir toutes choses de leur point de vue personnel, pour adopter au contraire le point de vue de l'hôte [27] ».

Cette nouvelle norme sociale s'appuie sur l'idéal d'une écoute active, nouvelle valeur essentielle de la conversation et de la prise de parole en public. Toutes les ressources de l'argumentation, des vieilles techniques de la rhétorique ancienne sont ainsi mobilisées, jusqu'à la *communicatio*, moment où l'on demande son avis à l'auditoire, car, comme le souligne Alain Pons, « cet art des convenances, qui n'est pas une science exacte, a un autre nom qui est la rhétorique. Est-il besoin de le dire ? Le *Galatée* est un ouvrage de rhétorique, un traité de rhétorique sociale, au sens le plus ancien et le plus profond de ce terme [28] ».

Il ne s'agit rien de moins que d'activer l'idéal de *symétrie* qui était au cœur, selon Jean-Pierre Vernant, de la révolution démocratique grecque. Della Casa oppose ainsi, dans les institutions humaines, la « cérémonie » à la « conversation ». La première, rappelle Alain Pons, « exprime la dimension verticale de la société, l'ordre de la hiérarchie, de la maîtrise et de la servitude, au détriment de la dimension horizontale, qui est celle des échanges libres, de la réciprocité, de l'authentique “vivre avec” [29] ». Là aussi, le pouvoir civilisateur de la parole tend à remplacer la parole du pouvoir.

Ce faisant, ce nouvel idéal désigne aussi l'*inégalité* — non pas comme simple différence de niveau, mais bien en tant qu'élément structurant d'une société — comme source aussi

26. Présentation d'Alain Pons à l'ouvrage de Giovanni Della Casa, *Galatée*, *op. cit.*, p. 20.
27. *Ibid.*, p. 19-20.
28. *Ibid.*, p. 28.
29. *Ibid.*, p. 24.

de la violence sociale. Avoir de bonnes manières, c'est considérer l'autre comme son égal, en toutes circonstances. Aux limites de son époque et de ses conceptions, Della Casa propose ainsi comme modèle de l'homme « civilisé » cet « homme de qualité, doué d'un esprit très fin et d'un profond savoir, [...] [qui] n'avait toutefois pas l'impression de rencontrer jamais quelqu'un qui lui fût supérieur ou inférieur [30] ». La force intrinsèque de la civilité, lorsqu'elle est appuyée sur la parole, est de bousculer sur son chemin les structures inégalitaires.

Cette évolution s'accompagne, comme nous l'avons vu, d'une transformation interne de l'exercice de la parole. L'objectivation et l'intériorisation des passions sont évidemment à mettre en parallèle avec les progrès de la description et du genre de parole qui l'accompagne. De l'objectivation personnelle à l'objectivité du regard, il n'y a qu'un pas. Le réveil de la rhétorique qui accompagne la nouvelle civilité implique le développement d'au moins deux formes qui étaient jusque-là en sommeil, ou qui étaient retournées à un état d'indifférenciation : la forme argumentative et la forme informative.

Les joutes oratoires

La conversation ouvre la voie au rôle nouveau que va désormais jouer l'argumentatif. On cherche désormais à convaincre par la parole en tenant compte des arguments de l'autre. La transition va s'opérer grâce à un curieux mélange de cérémonie et de conversation, comme le montre l'exemple des débats contradictoires organisés, presque comme des joutes sportives, qui sont à la fois des cérémonies et en même temps de vraies discussions. Olivier Christin décrit ainsi « les innombrables confrontations religieuses organisées en Allemagne, en Suisse, aux Pays-bas ou en France, entre les partisans des

30. Giovanni Della Casa, *Galatée*, *op. cit.*, p. 71.

confessions chrétiennes qui se déchirent en Europe à partir des années 1520[31] ».

Celles-ci prennent la forme de « joutes orales publiques », véritables duels pacifiques. Cette *disputatio* d'un nouveau genre combine les vertus pacificatrices de la parole et celles de la compétition sportive, dont Elias a souligné le rôle lui aussi pacificateur du point de vue de la « libération contrôlée des émotions[32] ». L'organisation de ces joutes obéit à un protocole très strict, avec des règles du jeu rigoureuses. Il faut, au début, ce cadre contraignant pour que des débats contradictoires puissent avoir lieu, à l'échelle d'une ville, sur un sujet concernant la vie publique, ou dans des domaines comme la théologie — la « controverse de Valladolid » (pour décider si les habitants de l'Amérique nouvellement découverte avaient ou non une âme) fournit un bon exemple de ces cérémonies qui ouvrent la voie à la discussion sans violence.

Même si cet idéal s'est fortement concrétisé depuis, sous le double effet de la progression des normes sociales encadrant la violence et d'une criminalisation souvent réussie de la violence civile, il n'en reste pas moins qu'aujourd'hui cette rupture n'est peut-être pas encore opérée en profondeur. Sans même parler du recul très relatif des conflits et des guerres, bien moindre que celui de la violence civile, on sait que le moindre relâchement de la loi, des circonstances nouvelles qui détendent un tant soit peu l'application des normes sociales dans ce domaine, l'emprise d'une colère vite considérée comme légitime ouvrent la voie à un retour rapide à un stade antérieur, même s'il faut surtout, comme le rappelle Elias, « une propagande puissamment orchestrée pour éveiller dans l'individu et légitimer en quelque sorte les instincts refoulés, les manifestations pulsionnelles proscrites dans la société civilisée, tel que le plaisir de tuer et de détruire[33] ».

La civilité, la politesse ne sont pas de simples couches superficielles dont l'homme moderne pourrait se passer,

31. Olivier Christin, « De la *disputatio* à la querelle savante, dispositifs de parole », *L'Inactuel*, n° 5, Circé, automne 2000.

32. Norbert Elias, Éric Dunning, *Sport et civilisation. La violence maîtrisée*, Fayard, Paris, 1994.

33. Norbert Elias, *La Civilisation des mœurs*, *op. cit.*, p. 339.

comme un décorum désormais inutile et contraignant, elles sont la matrice du processus d'objectivation qui est essentiel au recul de la violence : « Renier les conventions, dit Adorno, parce qu'elles ne seraient qu'une décoration périmée, inutile et extérieure, ne fait que confirmer ce qu'il y a de plus extérieur, c'est-à-dire un monde où la domination règne ouvertement, sans médiation [34]. »

Il n'en reste pas moins que le processus de pacification des mœurs nous donne des indications sur la façon dont, pragmatiquement, la violence peut reculer, notamment grâce à un nouvel usage de la parole. Comme nous l'avons souligné au chapitre 5, celle-ci acquiert un nouveau statut, celui d'espace de transposition de la vengeance, de support d'objectivation et d'intériorisation des passions, d'activateur d'un rapport à l'autre plus symétrique. Il nous reste à comprendre comment ce nouveau statut est en lien avec les nouvelles conceptions sociales qui placent l'individu au centre de la société.

34. Theodor W. ADORNO, *Minima Moralia. Réflexion sur la vie mutilée*, Payot, Paris, 1983, p. 34.

10

Intériorité, individualisme et parole singulière

Un autre élément de la rupture civilisationnelle qui conduit à la modernité et qui est étroitement associé au déploiement de la parole, notamment de la parole expressive, est ce que les sociologues ont coutume d'appeler l'individualisme. Là aussi, on peut poser la même question : le nouveau statut de la parole ne joue-t-il pas un rôle moteur dans cette troisième nouveauté historique radicale, après le développement de la démocratie et les transformations des normes sociales qui encadrent la violence ? Qu'est-ce que l'individualisme et qu'implique ce nouveau type de lien social du point de vue de la parole ? Comment, surtout, s'est faite l'entrée — même si elle a été progressive — dans ce nouveau régime de la parole ?

Depuis quand y a-t-il des individus ?

L'individualisme, dit Louis Dumont, est « l'idéologie moderne [...] d'une société globale composée de gens qui se considèrent comme des individus [1] ». Le sociologue Norbert

1. Louis Dumont, *Essais sur l'individualisme*, *op. cit.*, p. 22.

Elias, on l'a vu, insiste quant à lui sur le basculement dans le rapport entre le « je » et le « nous » qui caractérise toute société. Lorsqu'une société penche du côté du « je », elle devient une « société d'individus ». L'individualisme est un sujet qui a fait couler beaucoup d'encre et autour duquel se déroulent de multiples débats [2].

Précisons d'abord que le terme d'« individualisme » est ambigu. Il sert à désigner deux niveaux de réalité distincts. L'un des premiers à l'employer est Tocqueville, qui introduit une opposition entre les sociétés traditionnelles « holistes » et les sociétés modernes « individualistes ». Pour lui, le terme sert alors à décrire, comme l'analyse Alain Renaut, la « révolte des individus contre la hiérarchie au nom de l'égalité [3] ». Il s'agit dans ce premier sens d'un terme descriptif, que la sociologie utilisera largement par la suite et qui sera appliqué pour analyser des réalités antérieures, historiquement, au XVIIIe siècle de Tocqueville.

Mais le terme prend également — et presque immédiatement — un second sens, celui d'une connotation normative, essentiellement négative, pour désigner le repli sur soi, l'égoïsme, bref l'« individualisme ». Ce glissement de sens, qui désigne un autre niveau de réalité, commence d'ailleurs chez Tocqueville lui-même, qui voit dans l'individualisme la possibilité d'un repli de l'individu sur la sphère privée, le culte du bonheur et de la consommation.

La récente querelle qui a mis aux prises ceux des philosophes français pour qui l'individualisme est à tout prendre une vertu moderne, comme Gilles Lipovetsky, et ceux qui voient dans ce phénomène la source d'une nouvelle « barbarie », comme Alain Finkielkraut, montre les difficultés qu'induit ce mélange des niveaux d'analyse. Il faut donc toujours prendre garde — ce que nous essayerons de faire ici — à bien distinguer entre le sens descriptif et le sens normatif.

---

2. Voir Danilo Martuccelli, *Grammaires de l'individu*, Gallimard, Paris, 2002.
3. Alain Renaut, *L'Individu. Réflexions sur la philosophie du sujet*, Hatier, coll. « Optiques philosophie », Paris, 1995, p. 18.

La question qui nous occupe ici est plus modeste. Il s'agit d'essayer de mieux comprendre le rôle que l'évolution de nos sociétés vers l'état de « sociétés d'individus » joue dans le nouveau statut de la parole. L'individu moderne ne constituerait-il pas un nouveau lieu pour la parole ? « L'individu comme principe », comme le dit Renaut, qui définit intrinsèquement le nouveau régime individualiste de la modernité, ne correspond-il pas à une nouvelle modalité où « l'être humain s'y trouve conçu et affirmé comme la source de ses représentations et de ses actes, comme leur fondement ou encore comme leur auteur[4] » ? Pour le dire autrement, dans la nouvelle configuration, l'individu ne devient-il pas la source de la parole et, indissociablement, la parole ne s'impose-t-elle pas dès lors comme le vecteur essentiel de l'affirmation de l'individu ?

Poser cette question implique d'examiner d'abord depuis quand et dans quelles circonstances l'individu moderne est né, et de quel type de rupture il est le produit. Nous nous concentrerons ici sur un thème qui joue un rôle sans doute plus important qu'on ne l'a présenté jusqu'à présent, celui de l'intériorité, nouvel espace pour la parole et peut-être siège d'une des transformations les plus radicales que le statut de la parole ait connues, avec l'avènement de la démocratie et le changement normatif de notre rapport à la violence.

Le débat sur l'origine de l'individualisme dépend évidemment de la définition que l'on en donne, mais aussi de l'appréciation que l'on porte sur la façon, on pourrait dire l'intensité, avec laquelle l'individualisme comme idéologie, pour reprendre l'expression de Dumont, transforme effectivement la société humaine. Il faut donc distinguer l'histoire des idéaux et celle de leur réalisation.

On peut soutenir que le thème de l'individu comme valeur idéale est présent dans l'histoire des idées depuis, par exemple, les stoïciens ou les premiers chrétiens ; mais en même temps qu'il faut attendre les sociétés de la Renaissance, voire la période post-révolutionnaire, pour que l'individu devienne effectivement une valeur concrète, qui transforme le monde et donne à nos sociétés l'allure qu'elles ont aujourd'hui. On

4. *Ibid.*, p. 6.

pourra même se demander quelle est la part, aujourd'hui, des comportements sociaux effectivement guidés par cette valeur.

La question est de savoir si notre société est entièrement gagnée par l'individualisme ou s'il ne s'y trouve que des îlots partiels, voire minoritaires, cantonnés à quelques groupes sociaux qui auraient ainsi accepté leur éclatement (par exemple certaines franges de la classe moyenne ou certains artistes et milieux « postmodernes »). L'appréciation que l'on pourra faire du statut de la parole dans les sociétés contemporaines en dépend.

Dumont n'évite d'ailleurs pas cette question, lui qui, tout en soutenant que l'individualisme est la valeur dominante aujourd'hui, observe que « l'individualisme est d'une part tout-puissant et de l'autre perpétuellement et irrémédiablement hanté par son contraire [5] » ; et qui distingue « la permanence ou "survivance" d'éléments prémodernes et plus ou moins généraux telle la famille ».

Un débat s'est engagé, parmi les auteurs, philosophes, anthropologues ou historiens des idées et des mœurs, qui se sont intéressés de près à ces questions, pour situer historiquement la naissance de cette notion et, au-delà, pour dater le moment effectif où la réalité sociale a commencé d'être affectée par ce privilège, insensé pour les Anciens, accordé à l'individu.

Pour les uns, tout commence avec la démocratie grecque, au Ve siècle avant notre ère. Pour les autres, comme Louis Dumont, il faut chercher l'origine de cette rupture fondamentale dans l'histoire de l'humanité avec l'influence des premiers chrétiens. Pour d'autres enfin, comme David Le Breton, l'individualisme naît avec Descartes et le dualisme corps-esprit qu'il installe dans nos représentations. Des historiens comme Robert Muchembled localiseront dans l'Ancien Régime le moment où s'établit une rupture dans les mœurs qui engagera un processus d'individuation. On pourrait voir encore dans les Lumières le moment fondateur d'une libération de la personne en tant que sujet autonome.

5. Louis Dumont, *Essais sur l'individualisme*, *op. cit.*, p. 30.

La rupture avec le « nous »

Comment s'est opérée la rupture avec un modèle de société arc-boutée sur une tradition plus collective, où le « nous » était prépondérant ? En fait, chacun des auteurs que nous avons cités jusqu'à présent sur ce sujet, tout en localisant ici ou là dans l'histoire les étapes majeures du processus d'individualisation, s'accorde malgré tout pour reconnaître un privilège fondateur au moment grec. Louis Dumont, à ce propos, dit par exemple : « Pour certains classicistes, la découverte en Grèce du "discours cohérent" est le fait d'hommes qui se voyaient des individus : les brouillards de la pensée confuse se seraient dissipés sous le soleil d'Athènes, le mythe rendant des armes à la raison, et l'événement marquerait le début de l'histoire proprement dite. À coup sûr, il y a du vrai dans cette affirmation, mais elle est trop étroite [6]. »

Il est vrai que si la démocratie grecque est le produit d'une rupture avec les systèmes holistes archaïques, comme nous l'avons vu (voir *supra*, chapitre 7), ce nouveau régime ne pose sans doute pas l'individu comme centre, comme principe premier, mais bien plutôt l'action collective, même si en même temps l'idéal démocratique grec est indissociablement revendication d'un lien social symétrique et d'une certaine liberté de parole pour l'individu. Les nouvelles pratiques qui s'organisent autour de la parole, la réflexivité dont elle est l'objet portent néanmoins en elles les germes d'une certaine individualisation des comportements sociaux.

L'apprentissage de la rhétorique, les leçons données dans ce sens par les sophistes correspondent bien à un apprentissage individuel de la parole, une nouvelle réflexivité qui ne peut en tout cas qu'individualiser ceux qui s'y soumettent. Mais l'« opinion » comme catégorie nouvelle dans le monde grec, reste malgré tout une donnée collective. Aristote d'ailleurs, dans sa *Rhétorique*, ne conçoit jamais que l'auditoire auquel on s'adresse puisse être individuel. Celui-ci est toujours conçu comme un collectif.

---

6. *Ibid.*, p. 36.

De plus, si l'on suit Norbert Elias, ni la langue grecque, ni même la langue romaine, du moins celle de la République, ne portent en leur sein d'expressions qui désignent en tant que tel l'individu : « L'idée d'un individu hors de tout groupe, d'un être [...] dépourvu de toute référence au nous, de l'individu en tant que personne isolée à qui on accorde une telle valeur [...] était encore tout à fait inimaginable dans la pratique sociale du monde antique. Les langues de l'Antiquité n'avaient donc pas d'équivalent de la notion d'"individu" [7]. »

La situation semble différente sous l'Empire. C'est d'ailleurs à ce moment-là, selon Dumont, que l'affirmation de l'individu comme principe prend un nouveau départ, notamment au sein des emprunts au stoïcisme que font les premiers pères de l'Église, en les mêlant à l'apport chrétien proprement dit. La thèse de Dumont — qu'on ne détaillera pas ici — est que « le principe chrétien de l'individu seul face à Dieu [...] est devenu progressivement un principe d'organisation sociale, en descendant sur terre. Le christianisme, puis plus tard sa variante protestante, joue donc un grand rôle dans la promotion de l'idéal individuel ». L'authenticité de la parole individuelle, conçue à partir d'un dialogue intérieur et singulier, devient une valeur essentielle.

Il n'est pas indifférent que la montée de l'individu comme idéal se passe pendant la période de l'Empire romain. Celle-ci se caractérise en effet par deux données contradictoires. La première est le retour au vieux système palatial qui voit le prince — ici l'empereur — décider de tout, et même asseoir sa légitimité sur le fait qu'il serait un « Dieu vivant ». La seconde donnée est qu'un retour intégral à la totalité archaïque n'est guère possible pour une civilisation qui a connu la démocratie, la république et qui a donné pendant plusieurs siècles un statut central au pouvoir de la parole. Jusqu'à aujourd'hui, le fantôme de la parole hantera les dictatures les plus archaïques, obligées de faire de la propagande pour convaincre, c'est-à-dire de garder un rôle malgré tout central à la parole. C'est bien

7. Norbert ELIAS, *La Société des individus*, *op. cit.*, p. 209.

l'Empire romain qui, selon Jacques Ellul, invente la propagande moderne [8], comme régime de la parole détournée.

Le repli de l'individu en soi correspond peut-être, dans l'Empire romain, à une sorte de « dissidence intérieure », face à une société qui ne peut plus convaincre ses membres de se fondre dans un lien social holiste. C'est sous l'Empire d'ailleurs que commence à se généraliser une forme nouvelle de la parole, très proche de l'expressif, le roman, dont la première apparition sera le *Satiricon* de Pétrone, au Ier siècle après J.-C.

C'est en tout cas l'interprétation qu'en donne Henri Bornecque, dans son introduction au bilan de la rhétorique que fait Tacite au Ier siècle : « Du fait des conditions politiques et autres, la grande éloquence est morte. Dès lors, [...] à quoi les gens de talent occuperont-ils les loisirs que leur laisse l'empereur, sinon à la poésie ? [...] Il y a, à l'époque où écrit Tacite, pénétration réciproque de l'éloquence et de la poésie ; [...] le mot *eloquencia* en vient à signifier "littérature" [9]. » Il est infiniment paradoxal qu'à cette époque le meilleur avocat de cette « dissidence du moi » dans la société romaine soit un empereur, à ses heures philosophe stoïcien : Marc-Aurèle, dont l'ouvrage *Pensées pour moi-même* aura une profonde influence par-delà les siècles.

C'est précisément dans ce contexte que l'on voit apparaître l'idée d'une « parole intérieure », d'une parole qui échappe au social pour se réfugier dans la solitude d'un rapport silencieux et singulier avec Dieu. L'individualisme s'appuie ainsi sur ce qui apparaît au début comme une nouvelle métaphore : celle de l'« intériorité » comme espace privé de la personne individuelle face à l'espace social.

Autrement dit, comme le soutient Elias, « on assiste, au cours du processus de civilisation, à la formation progressive de deux sphères différentes de la vie humaine, dont l'une est intime et secrète, l'autre ouverte, d'un comportement

---

8. Jacques ELLUL, *Histoire de la propagande*, PUF, coll. « Que sais-je ? » Paris, 1967.

9. Henri BORNECQUE, *Notice*, *in* TACITE, *Dialogue des orateurs*, Les Belles Lettres, Paris, 1985.

clandestin et d'un comportement public. La dissociation de ces deux sphères prend pour l'homme le caractère d'une habitude si évidente, si inéluctable, qu'il n'en a presque plus conscience [10]. »

Il faudra bien sûr attendre la Renaissance pour que cette valeur commence à se généraliser et à véritablement structurer les nouvelles représentations sociales. Ainsi, pour Elias, « les humanistes furent parmi les premiers groupes d'hommes à qui leurs réalisations personnelles et leurs traits de caractère valurent des possibilités d'accès à des positions sociales de prestige dans l'administration de l'État ou de la cité. La poussée d'individualisation qu'ils incarnèrent fut incontestablement le signe d'un tournant d'évolution de la structure sociale [11] ».

Un principe de séparation généralisé

L'individualisme, comme nouveau régime social, implique la rupture d'une unité dans l'ordre du monde (d'où le terme « holisme », qui désigne une totalité). Cette rupture concerne à la fois le rapport des hommes à la Nature — vécue dès lors dans les représentations comme extérieure à la société humaine, puis comme exploitable à merci par les humains — et le rapport des hommes entre eux.

L'individualisme est fondamentalement la mise en œuvre d'un *principe de séparation généralisé*. Lucien Sfez remarque à ce sujet (mais pour la période des XVIIe-XVIIIe siècles) que la modernité occidentale s'est construite sur la base d'un principe élargi de laïcité, conçu comme un « régime de séparation ». La laïcité, ajoute cet auteur, « sépare ce qui fut un jour confondu. Et la question dépasse infiniment la seule question de l'autonomie religieuse. Car la séparation fondatrice est celle du représentant et du représenté [12] ». Le statut de la parole moderne naît de cette opération de scission.

---

10. Norbert ELIAS, *La Civilisation des mœurs*, *op. cit.*, p. 318.
11. Norbert ELIAS, *La Société des individus*, *op. cit.*, p. 257.
12. Lucien SFEZ, « La communication, critère de l'association politique », *Dictionnaire critique de la communication*, PUF, Paris, 1993.

Dans les sociétés holistes, une étroite interdépendance caractérise les relations humaines, essentiellement sur un mode hiérarchique. Le modèle de la société holiste, comme le montre Dumont, est la société de caste, où la place de chacun est fixée par la tradition. L'acceptation de la primauté de l'individu opère une séparation entre les hommes, entre soi et sa propre parole. Cette séparation opérera, comme le montre bien David Le Breton, à l'intérieur de chaque homme, entre son corps et son esprit : « Les sociétés occidentales ont fait du corps un avoir plus qu'une souche identitaire. La distinction du corps et de la présence humaine est l'héritage du retrait, dans la conception de la personne, de la composante communautaire et cosmique, et l'effet de la coupure opérée au sein même de l'homme. Le corps de la modernité, celui qui résulte du recul des traditions populaires et de l'avènement de l'individualisme occidental, marque la frontière d'un individu à un autre, la clôture du sujet sur lui-même [13]. »

Cette prise de position illustre bien le formidable effort de rupture que l'individualisme opère sur les catégories les plus essentielles de nos représentations. Le Breton montre par exemple comment le lexique utilisé pour parler du corps change dès lors du tout au tout. Dans les sociétés holistes, ce lexique fait appel à des termes relevant du monde végétal ou minéral. Dans les sociétés où l'individualisme est une valeur dominante et constitue selon l'expression de Dumont l'« idéologie moderne », même les lexiques se séparent : celui servant à décrire le corps se spécialise et se distingue des autres.

Le principe de séparation généralisé ne s'arrête pas là dans son œuvre de fractionnement de ce qui auparavant était considéré dans une unité. À la séparation des hommes et de la nature, des hommes et de leur propre corps, des hommes entre eux, il faut ajouter cet élément essentiel pour nous qu'est la *séparation de l'homme et de sa propre parole*, qui fonde l'individu moderne. Les mots ne sont plus soudés aux choses ni à celui qui les parle.

---

13. David Le BRETON, *Anthropologie du corps et modernité*, PUF, Paris, 1990, p. 23.

L'intériorité est ce qui permet de décentrer la parole, de la mettre plus encore à l'extérieur de celui qui la tient, l'instituant ainsi comme individu. David Le Breton, pour illustrer son propos, cite cette histoire étonnante du vieillard canaque qui, interrogé sur l'apport selon lui des valeurs occidentales à sa propre culture, répond : « Ce que vous nous avez apporté, c'est le corps[14]. » De la même façon, on pourrait soutenir que ce qu'apporte l'individualisme, c'est la parole, une parole perçue comme individuelle, personnelle, autoproduite (quand bien même ne le serait-elle pas), jaillissant de l'intérieur.

L'individu devient ainsi auteur de sa parole là où le membre de la société holiste n'est que le porte-parole, éventuellement l'interprète, d'un discours commun. C'est peut-être sur ce point précis que l'individualisme, comme régime de la parole né à la fois au sein de l'Empire romain et du monde chrétien, peut rejoindre la démocratie dont l'espoir chemine à nouveau dans les sociétés occidentales à partir de la Renaissance. Car, comme le dit Tocqueville : « Non seulement la démocratie fait oublier à chaque homme ses aïeux, mais elle lui cache ses descendants et le sépare de ses contemporains ; elle le ramène sans cesse vers lui seul[15]. »

Au cœur de l'intériorité

Toutefois, si l'on cherche à mieux saisir le moment où la nouvelle conception de l'individu se formule, où se dégage la possibilité de la « solitude de son propre cœur », devenue si inquiétante pour les modernes, ainsi que Tocqueville le suggère, il faut sans doute remonter aux stoïciens et peut-être aux premiers chrétiens eux-mêmes, chez qui elle est déjà bien vivace, comme idéal de sagesse.

Dans l'interprétation qu'il propose de l'Évangile, et notamment dans sa relecture en araméen, Éric Edelmann met l'accent sur le fait que le message de Jésus-Christ « n'enseigne

---

14. *Ibid.*, p. 18.

15. Alexis DE TOCQUEVILLE, *De la démocratie en Amérique*, Garnier-Flammarion, Paris, 1981, II, p. 125 et 127.

pas en priorité des croyances ou une éthique nouvelle [16] », mais une voie nouvelle de « transformation intérieure ». Cela suppose donc, si cette hypothèse est juste, une parole qui s'adresse à l'individu et l'institue en tant que tel en lui proposant une voie intérieure personnelle, à l'opposé des religions qui s'appuient sur des rites sociaux, donc sur un « nous » qui l'emporte sur le « je ».

La lecture des stoïciens, comme par exemple Marc-Aurèle qui aura été un grand vulgarisateur, au IIe siècle après J.-C., de cette philosophie, donne de solides arguments en faveur de l'émergence d'une représentation de la personne comme individu, dès cette période, qui s'articule autour de cette nouvelle notion d'intériorité.

Le progrès de l'individu comme valeur s'appuie concrètement sur l'émergence, la mise en place et l'influence de cette nouvelle métaphore. Celle-ci va êtrc l'élément probablement le plus structurant de la nouvelle culture individualiste et de la nouvelle représentation de l'humain qui lui est associée. Pour être un « individu », l'homme moderne doit disposer d'un espace privé qui lui appartient en propre. Cet espace privé intérieur va lui offrir un point de « sortie du social » incomparable par rapport à tout ce que les sociétés archaïques autorisaient.

L'individu n'avait-il vraiment aucune place dans les sociétés archaïques ? Ne pouvait-il d'aucune manière échapper à la pression du collectif dans ces communautés « organiques » ? Prenant l'Inde comme exemple, Dumont montre que certaines formes de spiritualité servaient en quelque sorte de « point de sortie » pour l'individu : « Depuis plus de deux mille ans, la société indienne est caractérisée par deux traits complémentaires : la société impose à chacun une interdépendance étroite qui substitue des relations contraignantes à l'individu tel que nous le connaissons, mais par ailleurs, l'institution du renoncement au monde permet la pleine indépendance de quiconque choisit cette voie [17]. »

Et l'anthropologue ajoute : « Le renonçant se suffit à lui-même, il ne se préoccupe que de lui-même. Sa pensée est

16. Éric Edelmann, *Jésus parlait araméen*, Éditions du Relié, Paris, 2000, p. 70.
17. Louis Dumont, *Essais sur l'individualisme*, *op. cit.*, p. 37.

semblable à celle de l'individu moderne, avec pourtant une différence essentielle : nous vivons dans le monde social, il vit hors de lui. [...] La distanciation vis-à-vis du monde social est la condition du développement spirituel individuel [18]. »

Creuse en toi !

Le monde antique va poser la même question avec toujours plus d'acuité : comment laisser à l'individu un espace propre ? Peut-être même ce problème est-il déjà au cœur du nouvel esprit démocratique : comment laisser aux individus la possibilité de s'élever dans une société égalitaire ? L'intériorité est peut-être la solution, tardive, trouvée à ce paradoxe majeur, en proposant un espace d'épanouissement de l'individu qui n'implique pas un déséquilibre social. L'intériorité naissante y permet une élévation, mais intérieure.

Une évolution est particulièrement visible entre ce que dit Tacite au Ier siècle et ce que dit Marc-Aurèle un siècle plus tard. Là où Tacite faisait l'apologie de la « campagne » pour s'y retirer seul en paix, Marc-Aurèle évoquera un nouvel espace « intérieur » où l'on peut se retirer encore plus sûrement pour être seul avec soi-même. La campagne et les bois permettent en effet pour Tacite que « l'âme se retire en des lieux purs et innocents et goûte la jouissance d'un séjour sacré. Tel fut le berceau de la parole, ajoute-t-il, c'est encore son sanctuaire [19] ». On remarquera que placer ainsi le « berceau de la parole » si explicitement dans un espace en dehors de la société des hommes témoigne peut-être du début d'une évolution.

De façon cependant radicalement différente, Marc-Aurèle dit ceci : « On se cherche des retraites à la campagne, sur les plages, dans les montagnes. Et toi-même tu as coutume de désirer ardemment ces lieux d'isolement. Mais tout cela est de la plus vulgaire opinion, puisque tu peux, à l'heure où tu veux, te retirer en toi-même. Nulle part en effet l'homme ne trouve de plus tranquille et de plus calme retraite que dans son âme,

18. *Ibid.*, p. 38.
19. TACITE, *Dialogue des orateurs*, *op. cit.*, p. 37.

surtout s'il possède en son for intérieur ces notions sur lesquelles il suffit de se pencher pour acquérir aussitôt une quiétude absolue, et par quiétude, je n'entends rien d'autre qu'un ordre parfait. Accorde-toi donc sans cesse cette retraite[20]. » Entre ces deux conceptions, c'est toute la métaphore de l'intériorité, ce « for intérieur », qui a pris place.

Marc-Aurèle donne à ce sujet des directions précises, au sein d'une pensée qui vise bien la transformation du statut de membre d'une société en celui d'individu : « Creuse au-dedans de toi, dit le stoïcien, au-dedans de toi est la source du bien, et une source qui peut toujours jaillir, si tu creuses toujours. » Ce fameux « creuse en toi » témoigne d'une évolution notable, en tout cas il indique le passage d'un « plein », d'une situation où l'homme n'a guère d'espace où déployer sa parole intérieure, vers un espace de résonance pour la nouvelle parole de l'individu.

Le christianisme va inaugurer une autre étape de cette possibilité pour l'individu moderne d'être à la fois dans le monde et d'avoir une « intériorité » toute personnelle, intime, où chacun peut être seul avec lui-même et avec la divinité. Saint Augustin, notamment dans ses *Confessions*[21], ouvrira la voie à cette métaphore de l'intériorité qui va structurer la pensée moderne de l'individu, lequel n'a plus besoin de s'extraire du monde pour être seul avec lui-même et s'éprouver ainsi comme « être unique ». La base de l'individualisme est en effet de considérer que chacun d'entre nous est un être unique, doté d'une parole unique, qui s'enracine dans une intériorité propre.

On remarquera, à propos d'Augustin, que celui-ci est d'abord professeur de rhétorique, puis converti au christianisme, et que son origine intellectuelle le conduit à être très familier avec les procédés, notamment les techniques de mémorisation, qu'avait développés la rhétorique grecque et romaine. Les formidables méthodes mnémotechniques de l'Antiquité, dont Frances A. Yates rappelle qu'elles sont pour

---

20. Marc-Aurèle, *Pensées pour moi-même*, traduction M. Meunier, Garnier-Flammarion, Paris, 1964, livre IV, III, p. 65.

21. Saint Augustin, *Les Confessions*, Garnier-Flammarion, Paris, 1964.

nous un continent perdu [22], n'ont-elles pas ouvert la voie, par les immenses espaces intérieurs qu'elles ont dégagés, à cette pensée de l'intériorité ? Cela paraît probable si l'on veut bien regarder d'un œil neuf la façon dont Augustin parle de la mémoire, de la parole et de l'oubli, dans ses *Confessions*.

Un autre signe de l'émergence de ce nouveau régime de la parole et de l'intériorité est le développement de la lecture silencieuse, à partir de saint Augustin, mais surtout à partir du XIe siècle. L'intériorité devient ainsi un espace assignable à la lecture « pour soi » là où, jusque-là, la lecture était toujours « sociale », en tout cas à voix haute et souvent publique.

Ce modèle de l'intériorité, né en Occident, va acculturer rapidement toutes les sociétés qui s'y trouvent confrontées (jusqu'à la notion freudienne d'inconscient qui lui doit beaucoup). Devenue individu, au sens moderne du terme (certains parlent de « sujet »), plus aucune personne ne peut aisément revenir en arrière, dans un mode de vie plus archaïque, si lourd à porter aux épaules de celui qui a connu la liberté de la parole individuelle.

Mais d'être l'auteur de sa parole implique, immédiatement, que cette parole soit désormais au surplomb de l'activité sociale comme de l'activité intérieure de la personne. L'émergence de ce nouveau statut pour la parole est déjà visible dans le texte d'Épictète, lorsque celui-ci fait du pivot de la sagesse l'acceptation que « ce qui trouble les hommes, ce ne sont pas les choses mais les jugements qu'ils portent sur les choses [23] ». Le philosophe donne ainsi au jugement, à l'opinion, à la parole, le statut d'une instance qui s'interpose entre le monde extérieur et l'intériorité, instance que l'on peut « travailler » afin d'éviter que l'intérieur, en quelque sorte, soit trop atteint par l'extérieur.

La parole devient ainsi, dans une période qui voit le retrait de l'*opinion* au sens politique et social, l'instrument privilégié à la fois de *l'expression* personnelle, mais également d'un processus d'*objectivation* présenté comme l'instrument de la

22. Frances A. YATES, *L'Art de la mémoire*, *op. cit.*
23. ÉPICTÈTE, *Manuel*, traduction M. Meunier, Garnier-Flammarion, Paris, 1964, V, p. 209.

sagesse : « Lorsque donc quelqu'un te met en colère, sache que c'est ton jugement qui te met en colère. Efforce-toi donc avant tout de ne pas te laisser emporter par ton idée ; car si une fois tu gagnes temps et délai, tu deviendras plus facilement maître de toi [24]. » Être maître de soi, *maître de sa parole*, et délivré ainsi de la parole du maître, de tout maître et de toute violence n'est-ce pas là au fond ce qui est inscrit au fronton de l'individualisme comme nouveau mode d'être entre les hommes ?

---

24. *Ibid.*, p. 215.

Conclusion

La parole au cœur d'un nouvel univers de valeurs

« Être maître de soi », « ni commander, ni obéir », « exercer sa force sans engendrer de domination ni de violence » : ces trois commandements, qui procèdent de l'individualisme, de la démocratie et de la volonté normative de pacifier des mœurs, encadrent l'idéal de parole de l'homme moderne. Ils lui proposent en tout cas un univers de valeurs chargé de promesses. Ces valeurs sont aussi une source de frustration, car chacun peut mesurer désormais l'écart entre ces valeurs qui forment notre ciel de référence et la réalité des sociétés humaines, encore marquées par un certain archaïsme. Rappelons ici, pour conclure, quels sont les grands axes de cet univers de valeurs qui se nouent autour de la parole.

Un nouvel univers de valeurs

Cet univers de valeurs va constituer l'axe de rupture entre un ancien régime de la parole où celle-ci est à la fois prise dans une totalité archaïque mais aussi au service d'une vision brutalement inégalitaire de la société, et le nouveau régime de la parole.

Nous l'avons vu dans les chapitres précédents, l'idéal d'une parole juste s'articule autour d'un certain nombre de possibilités, en quelque sorte techniques, avant de constituer des normes sociales et de devenir, éventuellement, des normes morales. On en distinguera ici plusieurs, que nous avons déjà repérées tout au long de notre cheminement. Examinons-les synthétiquement.

L'écoute et l'empathie

La parole, nous l'avons dit, implique, par nature, l'écoute. Nous sommes là presque dans une nécessité originelle, au point que l'écoute fait partie, pour certains, de la définition même de la parole. Comme le dit Novarina, « la parole nous a été donnée non pour parler mais pour entendre [1] ». L'émergence historique de la parole argumentative a largement contribué à renforcer le rôle et la position de l'écoute, à en faire une *écoute active*.

De simple donnée technique (on a besoin d'être écouté quand on parle, quoi qu'on dise, même si cette parole est violente), l'écoute est devenue un élément déterminant de l'acte de convaincre. Tous les auteurs qui ont institué la rhétorique ancienne ont insisté sur le fait que l'efficacité de l'argumentation, la possibilité de convaincre un auditoire passaient par la nécessité d'une prise en compte approfondie de cet auditoire. L'orateur est d'abord celui qui écoute. Le mot « communication » renvoie, dans le vocabulaire de la rhétorique ancienne, au moment où l'on demande son avis à l'auditoire, donc à celui où l'orateur écoute.

Dans sa nouvelle rhétorique, Chaïm Perelman insiste sur ce point essentiel : « La connaissance de ceux que l'on se propose de gagner est une condition préalable de toute argumentation efficace [2]. » Pour parler en d'autres termes, l'émetteur doit anticiper la réception de son message persuasif et l'intégrer à sa conception même. Cette position avait déjà été découverte

1. Valère Novarina, *Devant la parole*, *op. cit.*, p. 31.
2. Chaïm Perelman et Lucie Olbrechts-Tyteca, *Traité de l'argumentation, la nouvelle rhétorique*, *op. cit.*, p. 18.

par Aristote. De donnée technique issue du mouvement de différenciation de la parole et de la spécialisation de la forme argumentative, l'écoute peut ainsi devenir une valeur, c'est-à-dire une composante souhaitable de la parole, et cette valeur s'ériger en norme sociale.

C'est d'ailleurs aujourd'hui son statut social. Tout le monde ne met certes pas en œuvre une capacité et une volonté d'écoute dans les situations de parole, mais, même dans ce cas, cette attitude est rapportée à une norme générale qui veut que l'on écoute l'autre, même si cette écoute risque de ne rien changer à la situation.

L'*empathie*, comme « compréhension empreinte de respect de ce que les autres vivent », selon la définition de Marshall B. Rosenberg [3], repose sur une capacité particulière à écouter l'autre. L'empathie n'est certes pas une norme aussi forte que l'écoute, mais elle constitue un horizon de la parole qui participe à sa valorisation.

L'empathie ne prend-elle pas sa source dans les voies ouvertes par l'expressif ? Elle implique en effet une claire conscience de l'importance que revêt pour une personne la possibilité d'exprimer ce qu'elle ressent et d'être entendue à l'exacte mesure de ce qu'elle dit. L'empathie suppose une attitude très particulière de réception, qu'on pourrait définir comme une « écoute sans jugement », entièrement tournée vers l'autre.

L'authenticité

L'authenticité d'une parole est une qualité qui concerne elle aussi, et spécifiquement sans doute, le champ de la parole expressive. L'interlocuteur s'attend en effet à ce que les sentiments, les états ressentis qui lui sont communiqués correspondent bien à une réalité intérieure vécue par celui qui les communique. L'authenticité implique une distance nulle entre le ressenti et l'exprimé. L'authenticité est la principale vertu de l'intériorité. Elle est profondément liée à l'individualisme, comme valeur et comme nouveau régime de la personne.

---

3. Marshall B. Rosenberg, *Les Mots sont des fenêtres*, *op. cit.*, p. 123.

L'importance progressive prise par les pratiques de la parole expressive a fait de l'authenticité une exigence en quelque sorte fonctionnelle de la communication, à laquelle s'oppose le mensonge ou l'instrumentalisation de sentiments non ressentis.

La pudeur

La pudeur, non pas au sens restreint de dissimulation de parties du corps mais plutôt au sens de la retenue dans la parole, de la capacité à autocontrôler ses émotions, est devenue progressivement, dans les sociétés occidentales, une norme essentielle au sein de toutes les situations où l'échange de parole est institutionnalisé (assemblées, réunions, instances de négociation, pour ne prendre que des situations publiques). Elle joue un rôle essentiel dans le mouvement de pacification des mœurs.

Cette retenue dans la parole trouve elle aussi son origine dans le développement de l'argumentation comme pratique du convaincre. La pudeur a été identifiée, tout au long de l'histoire de la rhétorique, jusqu'à nos jours, comme une qualité essentielle de tout orateur. La raison en est simple : se plaçant déjà dans une position haute et forte, l'orateur doit, s'il veut convaincre, laisser à l'auditoire une place dans son discours comme dans le dispositif de communication ainsi créé. L'*ethos* de l'orateur (la façon dont il apparaît en public) doit donc se nourrir de cette retenue, qui rétablit l'équilibre et la symétrie de la relation. La pudeur est ainsi devenue une norme car, bien sûr, elle ne doit pas être feinte, ce qui renvoie à la question de l'authenticité.

L'objectivation

La capacité d'objectiver constitue une autre propriété de la parole qui tend progressivement à devenir une norme. L'objectivation est un mouvement complexe dont la portée s'étend dans plusieurs directions. L'objectivation dans la parole, comme potentialité, est liée à cette propriété essentielle de la parole humaine d'être le témoin d'une distance au monde, à soi, aux autres. Cette distance, cette séparation, cette capacité à différer aussi portent en elles une forte capacité d'objectivation. L'objectivation est donc bien la capacité de donner dans sa parole un statut de totale extériorité, par rapport à soi, à certains éléments du monde extérieur.

Encore faut-il un contexte social approprié pour qu'elle puisse se développer. L'une des formes concrètes de l'objectivation, dans le cadre de ce que l'on peut appeler la distance à soi, est la distance prise par rapport à ses propres émotions. L'objectivation est l'une des modalités de l'autocontrôle des pulsions. Le développement de la forme informative est évidemment au cœur de la progression de l'objectivation comme norme de la parole. La possibilité même d'une parole informative est, nous l'avons vu, historiquement tardive et elle est très étroitement liée au processus de civilisation décrit par Norbert Elias. Les conséquences de son avènement sont immenses, puisque la parole informative est associée par exemple à l'objectivation de la nature qui va être une des caractéristiques de l'époque moderne.

L'engagement

L'engagement, à la fois dans sa parole et par sa parole, est une réalité forte et ancienne de la parole. La parole engage celui qui la tient et on attend de celui qui donne sa parole qu'il la respecte. Le respect de la parole, dit Gusdorf, « est donc respect d'autrui et ensemble de soi, car il témoigne du cas que je fais de moi-même [4] ». L'histoire du « serment » et de sa ritualisation montre le grand cas que les sociétés humaines ont toujours fait de l'engagement dans la parole.

L'engagement sert de base à une qualité normative de la parole qui émerge progressivement, notamment dans les pratiques argumentatives, et dont le terme d'*honnêteté* ne rend compte que bien imparfaitement. La rhétorique ancienne voyait dans le fait que l'orateur soit « honnête » (dans son rapport à sa parole, bien sûr) une sorte de garantie que ses arguments étaient plus convaincants que d'autres. Quelqu'un

4. Georges GUSDORF, *La Parole*, *op. cit.*, p. 118.

d'honnête offre en effet l'immense confort de savoir qu'il ne cherchera pas à manipuler par sa parole, à utiliser toutes les ressources d'une violence hypocrite pour convaincre autrui. La parole honnête est ainsi devenue une norme sociale, avant sans doute d'être, aussi, une norme morale. L'honnêteté est peut-être la forme la plus absolue d'engagement dans la parole.

La symétrie

Le respect de la symétrie est une autre grande transformation normative de la parole. L'exercice de la parole n'appelle pas spontanément l'instauration d'un rapport symétrique, où la parole de l'un vaut celle de l'autre. Bien au contraire, car la parole est aussi possibilité d'exercer une violence qui est toujours, en dernière instance, mise en œuvre et exploitation d'une dissymétrie, d'une faiblesse de l'autre.

En même temps, tout exercice de la parole n'implique-t-il pas, comme dans le cas de l'écoute, un moment particulier où l'autre est au même niveau que soi, une suspension provisoire de tout rapport de pouvoir ? La force et la violence ne sont-elles pas là, peut-être, pour réduire justement les effets de cette égalité première dont la parole est porteuse ?

La norme de symétrie dans la parole ne saurait s'interpréter d'un point de vue relativiste. Dire qu'« une parole en vaut une autre » ne veut pas dire qu'elles sont toujours égales. Si c'était le cas, rien ne servirait de parler, puisque tout se vaudrait. Cette symétrie opère à un niveau plus fondamental, comme lorsque Levinas nous dit : « Même quand on parle à un esclave, on parle à un égal[5]. »

C'est peut-être sur cette norme-là que le progrès interne à la parole est le plus grand, que la distance entre la possibilité et son actualisation est la plus forte, et que le poids du contexte social est le plus nécessaire. La mise en mouvement du statut de la parole vers cette norme de symétrie a trouvé toute une série de traductions concrètes, comme par exemple l'idéal d'égalité dans le régime démocratique. Elle inspire également

---

5. Emmanuel LEVINAS, *Difficile Liberté*, *op. cit.*, p. 20.

des normes aussi vastes que le « respect de l'autre » ou les principes de l'égalité juridique.

La matrice de cette norme doit sans doute être recherchée dans le développement de la forme argumentative. Celui-ci renvoie lui-même, historiquement, à une matrice judiciaire qui institue l'auditoire comme juge de la parole de l'autre. Si l'autre est juge de ce que je dis et de ce dont j'essaye de le convaincre, alors nous sommes dans une situation presque parfaitement symétrique : c'est bien moi qui parle et qui propose, mais c'est bien lui qui décide. La symétrie n'est pas le même réparti de part et d'autre d'un axe, mais bien deux termes différents qui pèsent un poids équivalent et qui sont dans un rapport juste.

Parlez, mais taisez-vous !

Qu'en est-il de cet idéal de parole aujourd'hui ? Au moment de conclure, il faut rappeler le choix qui est à la base de ce livre, celui d'insister sur les vertus de la parole, d'en faire l'éloge à travers la reconstitution de ses propriétés les plus positives. Il n'empêche que, face aux immenses possibilités de la parole, se dressent toutes les frustrations que nous ressentons à cet égard.

D'un côté, on peut constater que la parole humaine n'a probablement jamais connu autant de possibilités de déploiement qu'aujourd'hui. Où qu'on se tourne dans les sociétés modernes, on trouve, souvent comme signe de progrès, des techniques de communication ou encore des institutions qui sont directement une concrétisation ou une facilitation de la parole. La parole aujourd'hui est un fait social majeur. C'est par elle que nous agissons, que nous prenons des décisions, que nous négocions, que nous tentons de faire reculer la violence, que nous organisons et transformons le monde qui nous entoure.

Pourtant, d'un autre côté, en même temps que ce déplacement du statut de la parole, qui lui confère une position toujours plus centrale, chacun sent bien que ce déploiement est souvent au mieux retenu, au pire dévoyé. Nous sommes là au cœur de l'injonction contradictoire que j'évoquais en introduction : parlez, mais taisez-vous ! Il s'agit d'un véritable paradoxe, car *à la fois* la parole est libre, encouragée, elle est un des principaux opérateurs du changement social, et *à la fois* elle est difficile à prendre ou encore réduite à un discours sans effet, quand elle n'est pas travestissement de la pure violence. De plus, cette importance, cette centralité de la parole n'est qu'en partie visible à nos yeux. La parole moderne n'est qu'en partie consciente d'elle-même, elle n'est même parfois que l'ombre de son idéal.

Une vision optimiste des choses permettra de dire que ce qui compte le plus aujourd'hui est la place prise par la parole qui fait de nos sociétés de véritables sociétés de parole. Le symbole le plus fort de cet aspect des choses sera par exemple la « liberté d'expression » qui connaît un déploiement sans égal dans l'histoire. On insistera également sur les immenses possibilités offertes par les techniques modernes de communication, dont Internet n'est qu'une avant-garde. Ou encore sur le fait que nous vivons en démocratie, ou, pour être plus précis, dans des sociétés « en voie de démocratisation », c'est-à-dire un régime où la parole tend de plus en plus à être au centre des processus sociaux de décision et d'action.

Une vision pessimiste de la même réalité soulignera les immenses inégalités d'accès à la parole et le fait qu'elle est souvent manipulée par les puissants. La parole, pour reprendre l'expression de Jacques Ellul, est trop souvent une « parole humiliée ». Dans cette optique, on insistera sur le fait que les très nombreuses techniques de communication déployées aujourd'hui ne correspondent pas forcément à un accroissement de la qualité des paroles qu'elles servent à transmettre, ou même que, à être tant délayée, la parole s'y affadit considérablement.

Il faut donc tenter une approche la plus objective possible de ce phénomène. La question n'est pas l'optimisme ou le pessimisme, mais bien une juste évaluation de la place prise par la parole dans les sociétés modernes. C'est ce que nous avons tenté de faire ici. Toute évaluation, dans le domaine social, est souvent une question d'échelle. Le point de vue optimiste se révèle pertinent si l'on place l'observation sur une échelle temporelle large : on a assisté à un déplacement du statut de la parole (par exemple, en France, de la fin du Moyen Âge à l'époque contemporaine) qui lui confère une position de plus en plus centrale et qui contribue largement, entre autres, au progrès des mœurs et de la civilité.

Le point de vue pessimiste est imbattable pour décrire les très nombreuses situations, au présent, qui témoignent de notre frustration devant les dévoiements de ce qui apparaît le plus souvent comme une potentialité en lieu et place d'une réalité. En somme, la direction est bonne mais on risque à chaque moment de verser dans le fossé.

L'optimiste a une vision globale, mais celle-ci ne le protège pas contre les accidents, y compris ceux qui risquent d'arrêter la course. Le pessimiste a un point de vue précieux puisqu'il pointe du doigt, avec rigueur, tout écart du chemin, ou toute retenue dans l'élan, mais il risque de décourager la poursuite de la course en répétant inlassablement que l'on se trompe de direction, alors que l'on va peut-être, globalement, dans le bon sens.

Il est tentant malgré tout de prendre de la hauteur par rapport à ce balancement entre optimisme et pessimisme pour voir que sur la longue durée, celle des civilisations, *partout où il y a de la parole, il y a du progrès*. Thèse renversable, tant les deux termes sont identifiés l'un à l'autre : partout où il y a du progrès, il y a de la parole. Que ce progrès soit aujourd'hui en partie retenu ne change rien à sa direction.

Nous l'avons vu, ces progrès sont de deux ordres : d'abord, une capacité toujours accrue pour l'homme de prendre en main son destin (c'est-à-dire de ne plus être subordonné au fatalisme), en inventant des représentations (par exemple celle de l'homme comme individu), des pratiques sociales (comme la « civilité ») et des institutions (notamment démocratiques) qui permettent à la parole de se déployer ; ensuite, à un autre niveau, celui des moyens, un affinement de la parole elle-même dans sa capacité à changer le monde. Ce progrès peut connaître des revers, mais, dans un certain sens, la direction d'ensemble est la bonne et c'est, au bout du compte, toujours, la société des hommes qui s'en porte mieux. C'est dans ce sens que la parole, comme fondement d'un humanisme renouvelé, mérite, pour le moins, un éloge.

Table

BUSSIÈRE CAMEDAN IMPRIMERIES
GROUPE CPI

Composition Facompo, Lisieux
Impression réalisée sur Cameron
à Saint-Amand-Montrond (Cher)
en août 2003.
Dépôt légal : septembre 2003.
N° d'impression : 033482/1.
Imprimé en France